오월극기록기

오월을 극으로 이야기하는 사람들

면밀 기록

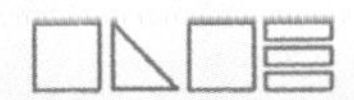

목차

5장 요즘 젊은 것들

6장 극으로 마주하는 5·18민주화운동

여는글

오월극

80년 5월, 5·18민주화운동의 이야기를 담은 극

여는글

연극과 마당극은 한때 언론이었습니다.
80년, 군부독재 하의 대한민국. 불온서적 한 권, 전단 한 장에도 잡혀가던 시절. 진실을 알려야 한다는 생각에 첩보 작전을 하듯 포스터를 붙이고, 경찰에 둘러싸인 채 공연 하기도 했습니다.
그렇게 80년 5월, 광주의 이야기는 전국에서, 전 세계에서 공연되었고 지역과 국경을 초월한 공감을 살 수 있었습니다.

그리고 지금.
사람들은 5·18민주화운동을 어떻게 기억할까요?

많은 사람들은 단순하게 대답합니다. 5월 18일에 광주에서 일어난 민주항쟁. 조금 더 깊게 들어가 몇 일간 진행된 일이냐고 물어보면 거기서부터도 제대로 알지 못하는 사람이 많습니다.
하지만 최후항쟁지가 구 전남도청인 것도, 힌츠페터라는 독일 외신 기자가 광주의 참상을 알렸다는 것도 알고 있습니다.

영화 〈화려한 휴가〉, 영화 〈택시운전사〉, 소설 〈소년이 온다〉. 여기 이 작품들은 5·18민주화운동을 매체화한 작품들입니다. 이 작품들은 그 시대를 살지 않았던 사람들까지도 동일한 기억을 가질 수 있게 만들었습니다.

연극, 마당극에서 영화, 책, 프로그램으로. 사람들은 이야기를 통해 5·18민주화운동을 접합니다. 이를 통해 만들어진 5·18민주화운동에 관한 이야기는 전 세대를 아우릅니다.

저희는 그 중 공연에 집중했습니다.
광주에는 '오월극'이라는 단어가 있습니다. 사전에는 등재되어 있지 않지만 5·18민주화운동, 80년 5월을 담은 극작품을 통칭하는 말입니다. 80년 5월 광주의 이야기, 민주열사의 이야기, 소시민들의 이야기 등. 다양한 방법으로 5·18민주화운동의 이야기를 이어가고 있습니다. 우리는 그 공연들을 통해 당시 현장의 이야기를 생생하게 전달받습니다.

저희는 오월극 아카이브를 위해 극단을 돌아다니며 자료를 수집했습니다. 너무 오래되어 자료가 부족한 경우에는 당시 공연에 참여했던 실연자의 기억에 의존하는 수밖에 없었습니다. 기억을 꺼내다 보니 극에 대한 이야기를 넘어 다양한 이야기를 들을 수 있었습니다.

극 작업을 하던 중 5·18민주화운동을 맞닥뜨린 이야기, 오월극을 만들겠다고 마음먹은 이유, 작품을 만들면서 느꼈던 감정.
5·18민주화운동 당시 싸웠던 사람들만큼이나 아직도 실연자들은 무대 위에서, 밖에서 소리를 내고 있었습니다.

실연자들은 오월극을 통해 5·18민주화운동을 알리기 위해 노력합니다. 그들이 알리고자 하는 5·18민주화운동은 무엇인지,

어떤 방식을 통해 이야기하고 있는지. 오월극을 기록하는 것뿐만 아니라 이들이 오월극에 담는 마음까지 전하고 싶었습니다.

우리가 만난, 아직도 치열하게 싸우고 있는 사람들의 이야기.
〈오월극 기록기〉에서는 '오월극'과 이를 전달하는 사람들의 이야기를 하고자 합니다.

1장

시대를 지켜낸 사람들의 이야기

박강의

당신들이 우리 손주딸 인생 책임질 거요?

제가 88년도에 놀이패 신명에 들어갔어요. 근데 신명 활동을 하던 중 집을 나와서 후배네 집에서 몇 달 살고 나중에는 따로 방을 얻어서 살았어요. 부모님들이 저한테 신명을 그만두라고 해서 야반도주를 한 거죠. (웃음) 엄마가 '이왕 연극을 할 거면 대학로로 가서 해라.' 그러면서 '고모를 도와서 입시학원을 운영해라.'라고 하시면서 신명 활동을 말리시더라고요. 그렇게 새벽까지 실랑이를 하다가 부모님이 잠시 눈 붙이신 사이에 옷 몇 장 들고 도망 나왔죠. 그렇게 한 1년 정도 안 들어가다가 도저히 생활이 안정이 안돼서 조용히 들어갔죠. 들어갔더니 아부지가 아무렇지도 않게 '밥은 먹었냐?'라고 물어보시더라고요.

저를 잡으러 할머니가 신명 사무실도 오고 그랬어요. 할머니가 '당신들이 우리 손주딸 인생 책임질 거요?' 막 이러셨거든요. 그래서 연습하다가 할머니가 오시면 숨기도 하고 비상구로 도망가서 만화방에 숨어있기도 하고 그랬어요. 그때 신명 연습실이 조선대학교 가까운 곳에 있었기 때문에 조선대학교 야외에서 연습하고 그랬죠. 그때 신명 대표님이 저한테 '너희 할머니는 어째 이렇게 쎄시대?'라고 말씀하시기도 했어요. (웃음) 신명 활동 초기에는 그런 우여곡절을 겪으면서 활동을 했어요.

5·18을 알리는 것도 유효하지만 다른 부분들에 조금 더 초점을 맞춰보자

88년도에 신명에 들어가서 〈88 일어서는 사람들〉을 했는데, 그때는 배우로 참여했어요. 제가 처음으로 연출을 했던 건 〈시호시호

이내시호〉였고 그다음으로 〈97 일어서는 사람들〉을 연출했어요. 신명은 공동창작을 많이 했는데 내부에서 회의를 하고 주제가 정해지면 대본팀을 짜서 공동 집필을 하기도 하고 토론을 토대로 대표 집필을 하기도 했어요. 그렇게 대본이 나오면 '이번 작품에서는 누가 연출을 해봐.'하고 내부협의를 통해 연출을 정해요. 그렇게 연출을 시작했죠.

97년도에 '과천마당극큰잔치'라고 있었는데 신명 내부에서 〈88 일어서는 사람들〉을 개작해서 해보자는 이야기가 나왔어요. '과천마당극큰잔치'에 참여하면 제작비가 나왔는데 그 예산으로 작품을 만들었어요. 함평에 있는 폐교를 한 달 동안 빌려서 컴퓨터 한 대, 프린터 한 대 들고 들어가 합숙하면서 만들었는데 그때 제가 각색을 하고 같이 연습해서 공연을 올리고 폐교를 탈출했죠. (웃음)

〈88 일어서는 사람들〉은 굉장히 상징화가 잘 되어있는 작품이에요. 극의 드라마를 끌고 가는 인물이 곰배팔이하고 꼽추인데, 처음에 곰배팔이하고 꼽추가 부부의 연을 맺고 아들이 태어나는 장면을 몸짓으로 표현해요. 이 장면은 정형화를 잘 시켜놔서 해체할 수가 없어서 거의 원작 그대로 살렸어요. 그리고 88년도에는 5·18을 모르는 사람이 많았고, 진상규명투쟁을 하고 있었을 때였기 때문에 5·18 당시의 상황들을 재현하는 것과 함께 군부와 미국의 야합 장면이 만화적인 기법으로 들어가 있었어요. 근데 시간이 지나고 5·18이 민주화운동으로 규정되면서 사회적 상황과 조건이 조금씩 바뀌게 되었어요. 그래서 97년도에 개작을 할 때는 '5·18을 알리는 것도 유효하지만 다른 부분들에 조금 더 초점을 맞춰보자.'라고 해서 대동세상을 이야기하는 김밥판을 만들게 된 거죠. 5·18민중항쟁의 주요 내용은 군인들이 평화시위를 하는 시민들을 향해서 총을 쏘았고, 그로 인해 많은 시민들이 목숨을 잃어서 시민들이 총을 들고 무장 항쟁을 했다는 거예요. **항쟁에 대한 여러 가치와 의의 중에서도 광주시민들은 대동세상에 대한 자부심이 되게 높아요. 그 당시엔 약탈도 없었고, 강도도 없었고, 소매치기도 없었고, 외부에서 들어오는 물자가 다 끊겼음에도 불구하고 사재기도 없었죠. 그리고 시민들은 자발적으로 시위대에게 김밥을 올려줬어요.** 우리 엄마도 동네 사람들하고 돈을 모태서 김밥을 싸서 올렸다고 하더라고요. 그냥 밥에 소금물 쳐서 김밥을 만들어 올려줬다고 하셨는데 그런 이야기를 〈97 일어서는 사람들〉에서 하고 싶었어요. 〈언젠가 봄날에〉에서도 김밥판이 나와요. 우리가 사람들한테 알려내야 하는 것 중에 하나라고 생각해서 자연스럽게 넣었던 것 같아요. 그래서 〈88 일어서는 사람들〉의 큰 얼개는 남아있음에도 불구하고 전혀 다른 작품이 되어 버렸죠.

5·18운동의 근저에는 노동운동의 뿌리가 들어있어요.

〈어머니! 당신의 아들〉은 노동극이에요. 5·18운동의 근저에는 노동운동의 뿌리가 들어있어요. 5·18 당시 학생들뿐만 아니라 노동자들이 많이 참여했었고 항쟁은 노동운동의 한 획을 그었으니까요. 들불야학의 강학과 학생들의 적극적인 항쟁 참여만 봐도 인물사적으로 충분히 만날 수 있는 내용이라 5·18과 노동운동을 연관 지어서 작품을 했었죠. 그때 당시에 노동자들은 시민의 안전과 민주주의를 위해서 앞장섰었고, 당시 신명에서도 노동자의 계급운동을 중요하게 받아들였던 거죠. 항쟁 정신의 계승이라는 지점에 있어서 노동자의 이야기를 풀어야겠다고 생각한 거예요. 이를테면 '오월정신을 계승한다.'라고 하는 것은 저항하는 거잖아요. 부당한 세력에 저항하는 거고, 또 나 혼자만 잘 살겠다는 것이 아니라 공동체를 위한 거고, 민주주의를 위한 거죠. 그래서 '우리는 5·18을 계승하고 발전시킬 것이다.'라고 하는 의지를 〈어머니! 당신의 아들〉에 담았었죠.

들불처럼 퍼져나가는 정신

〈들불〉 같은 경우에는 일본 도카세이 극단의 이케우치상이랑 공동연출을 했어요. 이케우치상이 극작을 하셨는데 일본사람이니까 일본말로 썼을 거 아니에요. 그걸 우리말로 해석을 하면 무슨 말인지는 알겠는데 '연출이 두 명이면 산으로 가겠다.'라는 생각이 들었어요. 그리고 저도 대본을 쓸 때 전체적인 그림을 그려 나가면서 쓰기 때문에 이케우치상이 〈들불〉을 쓰면서 그린 그림이 있을 거라고 생각했어요. 그리고 제가 연출이었지만 배역도 맡았었기 때문에 한발 물러서서 이케우치상이 끌고 갈 수 있게 했죠.

이케우치상이 광장을 굉장히 철학적으로 보는 게 있었어요. 운동권적인 측면이나 문화의 어떤 개념으로 받아들인 부분이 있었어요. 광장을 사람들이 서로 만나고, 누군가를 기다리는 부분으로 해석을 해서 상징화하는 부분도 있었죠. **우리의 마당정신이라고 생각하면 될 것 같은데, 이케우치상은 그걸 광장이라고 이야기하는 거죠. 마당이라는 게 계급이나 계층의 차이가 없고 서로 유기적이고**

마당극 〈들불〉
공연사진

상호적인 관계라고 한다면, 광장 역시도 열린 공간으로 나이나 지위, 나라의 경계 없이 항상 모여서 자신들의 이야기를 표출하는 곳. 그런 광장을 지향한다는 것이 이케우치상의 생각이었죠. 이케우치상이 마당극이라는 양식을 좋아하는 것도 그런 부분일 거라고 생각해요. 이케우치상이 5·18민중항쟁이나 들불야학에 대한 이해가 깊었고 이를 토대로 작품을 창작했는데 망월동의 이팝꽃을 민주화와 희망에 대한 이미지로 형상화 했어요. '들불'은 들판에 난 불처럼 번지고 확산된다는 이미지를 갖고 있어요. 〈들불〉이라는 제목도 '우리의 이런 모임이 죽지 않고 타올라서 들불처럼 퍼져나갔으면 좋겠다.'라는 의미로 썼을 거라고 생각해요.

마당극과 마당굿

마당굿이라고 하는 것과 마당극이라는 것을 특별히 규정을 지으려 한다면 양식적인 개념과 내용적인 개념으로 설명할 수 있어요. 양식적이라고 하는 건 우리나라의 전통 연희 형식. 그러니까 풍물, 굿, 민요, 판소리 같은 전통연희 양식을 가져오는 것이고 내용적으로는 지금 사회에서 벌어지고 있는 문제들을 다루고자 하는 것이죠. 민족극도 그렇고 마당굿도 그렇고 모두 비슷한 개념이라 할 수 있는데, 굿이라고 표현을 할 땐 훨씬 더 연희적인 측면이 많아요. 특히나 놀이패 신명 같은 경우에는 초창기 때부터 씻김굿이나 굿에 대한 민요 같은 걸 잘 활용 해 왔어요. 〈88일어서는 사람들〉에서도 새로 만든 노래가 세 곡인가 네 곡이 들어가 있어요. 신명에서는 굿적인 연희양식들을 많이 차용했고, 그게 자연스럽게 작품에도 녹아나 있어요. 80년대 중후반부터는 5·18 진상규명투쟁을 하면서 돌아가신 분들이 망월동에 안장되기 시작했는데 신명이 가서 진혼굿 공연을 자주 하다 보니까 굿에 대한 접근이 자연스러웠고 창작하는 작품의 양식적인 특징으로 자리 잡게 된 것 같아요.

굿이 열두거리가 있다고 하면 이 열두거리의 내용 자체가 하나씩 독립이 되어있어요. 우리가 만약 '어떤 죽은 사람을 위한 굿이다.'라고 한다면 그 죽은 사람을 불러내기 전에 그 공간을 정화하기 위해 부정치기를 해요. 그리고 신을 부르면서 무당이 신을 받거나 신대에 받아서 신을 좌정시켜 놓고 공수를 하죠. 이를테면 왜 이승을 떠도는지 물어보면서 대화를 하고 '당신의 뜻을 잘 알아 받들 테니 걱정하지 말고 저승으로 가시라.'하며 잘 보내드리고 잡귀잡신들까지 잘 먹여서 보내는 것이 씻김굿의 줄거리에요. 양식적으로는 각 마당마다 씻김, 대감거리, 영동맞이 등등. 마당마다 다른 줄거리가 있어요. 그런걸 다 모아서 굿 한판이라고 해요. 그래서 어떤 데는 열두거리를 하는 데가 있고 여덟거리를 하는 데가 있고 그렇죠. 서양식으로 표현하면 옴니버스라고 하는데, 단락마다 다르지만 전체적으로 봤을 땐 하나의 산맥을 이루고 있다고 보죠. 그래서 그런 것들도 마당굿의 양식적인 특징 중 하나라고 보는 거예요.

탈이라고 하는 건 신적인 이미지고 일상적이지 않은 거예요.

탈이라고 하는 건 되게 신적인 이미지고 일상적이지 않은 거예요. '탈이 났다, 탈을 썼다.' 이렇게 말을 하잖아요. 이를테면 봉산탈춤에서 탈을 씀으로써 연희자인 내가 아니라 먹중이 되고 노승이 되듯이 탈을 주술적인 의미로 분석을 하곤 해요. **그러니까 연희적인 측면에서 보면 가려서 나를 숨긴다기 보다는 나의 다른 자아를 만든다, 신적인 존재가 된다. 이런 의미예요.** 탈을 쓰면 다른 인성이 되거나 신성이 되는 거죠. 그럼에도 불구하고 배우들한테는 '연기할 때 탈 안의 사람은 울고 있는데 탈은 웃을 수는 없다. 안의 사람이 웃어야 탈도 웃는다.'라고 해요. 자아를 같이 맞추는 거죠. 탈은 사용하는 이의 의도에 따라 다양하게 활용 되지만 저는 다른 인격을 표현하거나 신격화 하기 위해서 곧잘 사용해요. 탈의 위치 변화를 통해 신격의 차이를 표현하기도 하고요. 신이라고 하면 귀신도 신이잖아요. 〈언제가 봄날에〉에서도 탈을 사용해요. 귀신이 세 명 등장하는데 이 세 명은 죽었음에도 이승을 떠돌고 있기 때문에 제대로 귀신이 못된 거예요. 그래서 탈을 얼굴이 아니라 몸에 부착함으로써 불완전한 귀신으로 형상화 했어요. 그리고 마지막에 집단무를 추는 장면에서는 그 세 명의 귀신들도 다 탈을 얼굴에 써요. 완성된 결말, 완전한 귀신이 아닌 열린 결말로서 상정한 장면이에요. 세 명의 희생자들이 저승으로 간다라기보다는 '나는 너무 억울해서 못 가겠어. 근데 엄마를 만나고 사람들을 만나보니 나를 발견 해 줄 수 있지 않을까?'라는 믿음을 받았기 때문에 탈을 쓰고 같이 춤을 추는 거죠. 정확하게 결말을 정하진 않았지만, 우리가 정했던 데드라인은 '어, 발견됐을까? 아직 현실에서는 발견이 되지 않았기 때문에 아직도 못 찾았을 거야. 그래서 우리가 찾아야 해.'. 이런 의미였어요. 그래서 마지막에 나오는 노래에서 '언젠가 봄날에 우리 다시 만나리'라는 가사가 나오는데 '해석하기 나름으로 열어두자.'라고 했던 부분이었죠.

이게 바로 국가폭력이 아니고 뭐냐. 이건 또 다른 폭력이다.

제가 했던 전야제 중에서 가장 기억에 남는 전야제는 전야제가 아닌 전야제였어요. 2014년도에 제가 전야제 예술 총감독이었는데 4·16 세월호 참사가 터진 거죠. 그걸 보면서 '세월호 이야기를 해야 한다.'라고 연출단에서 이야기를 했어요. '이게 바로 국가폭력이 아니고 뭐냐. 나라에서 구하지 않았고, 이건 또 다른 폭력이다. 5·18에서 이야기를 할 수밖에 없는 사항이다.'. 그래서 급하게 전야제 내용을 수정 하고 준비하고 있었는데 2주 정도 앞두고 행사위원회에서 소집을 했어요. '5·18전야제를 포함해서 모든 행사를 다 취소하겠다.'라고 한 거죠. 이제 연출단에서는 '무슨 소리냐. 5·18전야제는 축제가 아니다. 우리가 이 세월호를 이야기하고 정확하게 국가에 요구해야 한다.'라고 했는데 결론적으로는 취소가 됐죠. 너무 속상해서 회의 석상에서 울기까지 했는데 행사위 소속단체 중에서 '그렇다면 다른 형식으로 진행을 하는 부분에 대해서는 막지 말아달라. 17일 날 시민들은 분명히 광장에 보일 텐데 아무것도 안 하는 것도 문제가 있다.'라고 문제제기를 하는 단체들이 있었어요. 그래서 그 단체들과 연대해서 전야제와 다른 형식으로 진행을 했어요. 그래서 그때 5·18전야제가 아니라 '민주대성회'라고 이름을 붙였어요. 80년 5월 16일 밤에 도청에서 했던 집회를 민족·민주화성회라고 했거든요. 그래서 '우리도 민주대성회로 하자.'라고 했던 거고 '희생자들의 꽃 영정 304개를 만들어서 제단에 모시고 그 사람들의 이름을 불러주자.'라는 제안을 받아 실행하기로 했어요. 그런데 명단을 아직 공개할 수 없다고 해서 이름은 못 불러드렸어요. 304개의 꽃 영정은 광주의 미술패와 미술학원에 부탁해서 제작했어요. 그 영정을 들고 행진을 해서 무대 위에 한분 한분 다 모셨어요. 기독교, 불교, 천주교, 원불교 등 네 종단의 대표들이 시가지를 행진해서 영정을 모시는데 너무 아픈 슬픔이 무대 위로 모여지니까 사람들이 미치는 거죠. **그때 '내가 어떤 딴따라로서, 연출가로서 꼭 해야 할 일을 하고 있구나.'라고 생각했던 것 같아요. 그게 가장 기억에 남아요.**

두 번째로 기억에 남는 건 2015년 5·18전야제. 그때 제가 세월호 관련해서 부분 연출을 맡았었어요. 신명의 오숙현 배우가 굿을 하고, 작은 간이무대에 바퀴를 달아서 세월호랑 똑같이 생긴 배를 만들어서 올렸어요. 거기서 모둠북을 치면서 "거기 누구 없소!!"하면 반대편에서 "여기 아직 사람 있소!"라고 외치고, 배에는 노란 천이 매어져 있고 오숙현 배우가 지전춤을 추면서 주 무대로 나아갔어요. 그렇게 주 무대까지 세월호를 밀고 가요. 그리고 무대에 올려서 끈으로 세월호를 연결하고 위로 올렸어요. 인양하는 것처럼. 그때는 아직 세월호가 인양이 안 되고 있을 때라 '세월호를 인양하라!'라고 외치면서 퍼포먼스를 했죠. 무대가 크기 때문에 사고가 나지 않도록 끈만 담당하는 진행요원들, 뒤에서 밀어주는 진행요원들을 붙여놓고 끌고 가는 속도까지 연습했어요. 그렇게 연습해서 퍼포먼스를 했는데, 사람들이 앉아 있다가 퍼포먼스를 보고 움직이기 시작했어요. 정말 홍해가 갈라지듯 사람들이 갈라지면서 옆에서 같이 잡고 밀어주고 그랬어요. 주 무대 앞쪽에 5·18 유가족 어머니들이 하얀 옷을 입고 앉아 계시고 세월호 어머니들이 줄 사이로 걸어갔어요. 세월호 어머니들이 무대 앞에 도착하니 5·18 유가족 어머니들이 '내가 니 속 안다.' 하면서 세월호 어머니들을 안아주는데 보는 사람들의 가슴은 미어졌죠.

시민들과 함께 할 수 있는 5·18전야제를 생각해야 한다.

전야제를 하면서 아쉬운 게 있다면, 5·18전야제를 준비하는 시간이 너무 짧아요. 2월, 3월부터 준비를 하고 5월에 전야제를 하다 보니까 예술단체 중심으로 준비를 할 수밖에 없는 상황이 자꾸 생기는 거죠. 그러다 보니 시민들의 참여도도 떨어지고 관심도 떨어질 수밖에 없는 것 같아요. 그래서 제가 '1년 동안 준비를 해야 한다. 5·18전야제 끝나면 바로 평가하고, 6월부터 바로 내년 5·18전야제를 준비하면서 시민들과 함께 할 수 있는걸 생각해야 한다.'라고 꾸준히 말을 했었죠. 이를테면 퍼레이드를 하더라도 5·18 때 각 동에서 음식을 들고나오고 마을별로 모금을 했던 것처럼 어떤 구나 동 단위별로 준비를 해서 도청 앞에 모이는 게 전야제가 됐으면 좋겠다고 생각했는데 그걸 실현 시키지 못한 게 가장 아쉽죠.

1,000人 풍물패 같은 경우도 제가 예술감독을 할 때 여러 풍물 단체와 함께 만든 거예요. 5·18전야제를 하면 항상 풍물패가 몇백 명씩 와서 풍물을 치는데 맨 처음에 했던 건 1,000人 풍물패라고 민주, 평화, 통일로 나눠 세 군데에서 길놀이를 하면서 풍물패가 들어오는 거죠. 1,000人 풍물패이기 때문에 1,000명이 목표라 전문 풍물패들이 나서서 강습생들이나 동네 풍물패들을 조직하고 테마에 맞춰 가장행렬까지 했었어요. 그때 참여했던 풍물패들과 함께 '5·18항쟁기념 주간이면 청소년부터 할아버지, 할머니까지 풍물을 칠 수 있는 사람들이 모두 모여 풍물 치는걸 정례화하자.'고 이야기 했었죠. '이번에는 전야제 연출단에서 준비했지만 다음부터는 풍물패에서 자체적으로 했으면 좋겠다.'라고 했고 지금까지 이어지게 된 것인데 이런 것처럼 시민과 단체가 스스로 주인이 되어 5·18기념행사를 준비하는 것이 꼭 필요하다고 생각해요.

제27주년 5·18민중항쟁기념행사 전야제 1,000人풍물패 사진

오성완

나의 80년 5월

저는 곡성이라는 산골에서만 살았는데 장남이다 보니까 ‘면서기가 되어야 한다.’라는 아버지의 불호령에 인문계고등학교에 갔어요. 면서기가 지금으로 말하면 9급 공무원인데 ‘너만큼은 넥타이를 찬 사람이 되어야 한다.’라는 강압이 있었고, 뺑뺑이를 돌리던 시절이라 전남고등학교에 배정이 됐어요. 그 학교에 간 게 운명을 바꾸어 놓은 거죠. 저는 일반 행정공무원은 되기 싫었고 ‘시를 쓰는 국어 선생님이 되겠다.’라는 일념으로 공부를 했는데 고등학교 2학년 때 5·18을 맞닥뜨려 버린 거예요. 청소년 시기에 5·18을 직·간접적으로 경험을 하면서 가슴 한쪽이 뭔가 무너지는 것 같고, 항상 비어있는 것 같은 느낌을 받았어요. 그리고 5·18 끝나고 전남고가 공립으로 바뀌어 버린 거예요. 학교 선생님의 3분의 2가 공립학교 선생님으로 바뀌어 버리는 거죠. 그리고 다른 학교는 70일간 휴교를 했는데, 전남고는 5월 19일 날 휴교가 떨어져서 거의 7월 말경엔가 학교에 갔어요. 사립에서 공립으로 바뀌는 과정에서 학교 교내 시위를 했고, 그때 15명이 구속당해서 짤려 나갔어요. 이 사태가 고등학교 2학년 때 벌어지게 되는데, 학생들이 전부 다 실의에 빠져있고 멍해 있으니까 선생님이 학생들한테 뭔가 ‘비전을 제시하겠다.’, ‘힘을 좀 주어야겠다.’ 해서 만든 게 연극반이었죠. 나는 연극이라는 장르가 존재한다는 것도 몰랐고, 그런 문화를 접해본 적도 없었어요. 연극반도 내가 가고자 해서 간 게 아니었어요. 지금이야 직업상 사람들한테 말을 하고 하지만 그때는 소개팅에서도 말 못 하고 손만 꼼지락꼼지락하다가 올 정도로 용기가 없었거든요. 근데 하필이면 내 짝꿍이 연극반에 들어가고 싶은데 용기가 안

난다고 따라가 달라고 한 거예요. (웃음)

우리 세대가 사회에 눈을 빨리 뜰 수밖에 없었던 게 79년도에 박정희 죽었지, 80년도에 5·18 터졌지, 80년 중후반에 6월항쟁 터졌지, 군부독재 시절에 학교를 다녔지. 일찌감치 뜰 수밖에 없었어요. 저는 고등학생 때부터 혼자 자취를 하면서 학교에 다녔는데, 채워지지 않는 무언가가 연극 연습을 하면 조금 해소되는듯한 느낌이 들었어요. 연극이 적성에 맞는지 안 맞는지 판단을 했던 건 아니었어요.

뜨거운 불덩이 하나가 내 가슴속으로 들어오더라고요.

제가 조선대학교 국문과를 들어갔어요. 입학했을 땐 오로지 '교사자격증을 따서 학교에 가겠다.' 이런 생각밖에 없었기 때문에 2학년 때까지는 공부만 했어요. 그런데 제가 고등학생 때 연극반이었다는 게 탄로가 나서 연극 써클에서 반 납치 하듯이 데리고 가버렸죠. 그래서 대학생 때도 연극을 했어요.

대학교 2학년 때는 불온서적 한 권 갖고 있다는 이유로 잡혀가던 시기였어요. 또 당시에 복학생으로 가장한 사복들이 문제 되는 과에 침투해서 수업도 같이 듣고 그랬었죠. 가끔 쥐도 새도 모르게 사라지는 학생들이 있어요. 강경 발언을 한다거나, 정부 비판하는 발언을 한다거나 이런 친구들이 사찰 인물이 돼서 행방불명 되버리고, 군대에서 죽었다는 소식이 들려오는 시기였죠. 그러다 보니까 성명서니 전단들을 나누어주지 못해요. 집회를 알리거나, 데모 일정을 알리거나, 왜 데모해야 하는지와 같은 전단을 어떻게 뿌렸냐면, 새벽에 유리창을 깨든지 해서 교내에 몰래 침투하는 거예요. 그렇게 들어가서 강의실이나 화장실에 [illegible] 뿌리고 빠져나와서 도망을 가요. 그렇게 뿌리곤 했는데 이제 한 명이 잡혀서 다 불어버린 거죠. 우리가 보통 탈출로를 4단계로 나누어놓는데 A가 막히면 B로 가고, B가 막히면 C로 가고, 최종적으로 D로 모이는 식으로 집합 장소를 계속 바꿨어요. 근데 네 개 루트가 다 막히고 마지막 D 루트에서 16명이 동시에 잡혀버리고, 끌려들어 갔어요. 이름하여 강제징병을 당한 거죠. '너 쇠고랑 차고 들어가서 별 달래? 아니면 이대로 군대로 사라질래?' 여기서 선택해야 해요. 잡히고 바로 풀려 나와서, 영장 나온 지 한 달도 안 돼서 군대에 갔죠. 84년 12월에 군대에 갔는데 이게 또 문제에요. 그때는 군대 생활이 34개월일 때라 제대를 하필이면 87년 5월에 한 거죠. 제대해서 나와보니까 온 시외가 뿌연 최루탄 연기 속이고, 조대는 87년도 3월부터 장기 농성 중이었어요. 87년도 1년 동안은 거의 수업을 안 했죠.

연극 〈오월의 석류〉
공연사진 ⓒ 강철

그리고 87년 9월에 건준위에서 나를 찾아왔어요. 건준위는 민주화된 총학생회를 만들기 위한 준비위원회예요. 원래 9월이면 대동제를 하고 축제를 하고 그러잖아요. 그런데 장기 농성 중이었으니까, 건준위에서 집책을 하나 만들자고 한 거죠. 그래서 그때 태어나서 처음으로 대본을 써 봤어요. 동학을 소재로 한 〈새야 새야〉라는 작품인데, 탈춤 하는 애들, 무용하는 애들, 연극 하는 애들, 풍물 하는 애들 다 섞어서 공연을 어떻게 만들었어요. 지금 생각해 보면 개판이었죠. 조명도 없고, 음향도 없고, 마이크 찬 것도 아니었고. **이제 공연을 올리고 저는 뒤에서 학생들이랑 막걸리 마시면서 보는데, 뜨거운 불덩이 하나가 내 가슴속으로 들어오더라고요. '아, 연극의 힘이 이거구나' 하고 생각했어요.** 연극은 직접 예술이잖아요. 현장에서 바로 반응이 나오고 감흥이 나오는 거기 때문에, 여기에 깊이 빠져버린 거죠. 그게 결국 직업으로 오게 한 결정적인 지점이었어요.

우리가 하고 싶은 것을 언제든지 할 수 있는 판이 필요했어요.

87년에 대학 다니면서 극단생활을 시작했어요. 집안 환경상 연극을 그만두고 취직 현장에 들어갈 건가, 연극을 한다면 서울로 갈 건가 고민을 했죠. 우리 시대 때 연극에 접근한 사람들이 다 그런 건 아니지만, 이제 저 같은 경우는 예술활동으로 접근을 한 게 아니고 문화운동 측면으로 접근했던 게 강했어요. 고등학교 2학년 때 연극반에 들어가서 그 시기까지 계속 연극을 하고 있었고, 그렇다 보니 뭔가 매듭을 짓고 끝을 내야겠다는 생각이 들었어요. '이왕이면 내가 하고 싶은 이야기를 할 수 있는 극단을 만들자.'란 생각에 극단 푸른연극마을을 만들었죠. 이런 생각을 안 했어야 했는데. (웃음) 험난한 길이 예고된 걸 뻔히 알면서도 시작했고, 지금까지 온 거죠.

소극장이란 게 경제적으로 취약할 수밖에 없는 민간극단이 살아남을 수 있는 하나의 방법이지 않나 생각해요. 연극은 결국 공연으로 이야기를 해야 하는데 일반 큰 공연장이나 공공 공연장은 경제적 부담이 있고, 우리가 하고 싶은 것을 언제든지 할 수 있는 판이 필요했던 거죠. 연극이 힘든 게 나 혼자 열심히 하고, 나 혼자 게으르고 할 문제가 아니라 단체가 형성되어야 하고, 한꺼번에 힘을 내고, 버텨줘야 하는 거예요. 여러 사람이 모여서 하나를 만들어야 하는 것이기 때문에 가장 비경제적인 구조로 되어 있죠. 소극장을 운영하는 게 레파토리 문제도 있지만, 연극 자체가 경제적인 취약점을 지니고 있기 때문에 굴레처럼 안고 가는 거예요.

저한테 숙제를 남겨주신 거죠.

극단 토박이의 박효선 선배가 다큐드라마를 만드는 데 같이하자고 찾아왔어요. 이게 MBC에서 제작비를 대서, 10년 계획으로 '5·18민주화운동을 영상으로 대중화시키는 작업을 하자.'라는 거였어요. 96년에 〈시민군 윤상원〉을 하고, 97년도에 윤한봉 열사를 다룬 〈밀항탈출〉을 했는데 98년도에 IMF가 터져버린 거죠. 그래서 지원이 끊겨가지고 제작이 중단됐어요. 그런데 박효선 선배가 시나리오를 하나 들고 '니가 안 한다면 안 할란다.'하고 나를 찾아왔어요. 그게 상무대 영창에 있는 붉은 벽돌, 〈레드 브릭〉이었죠.

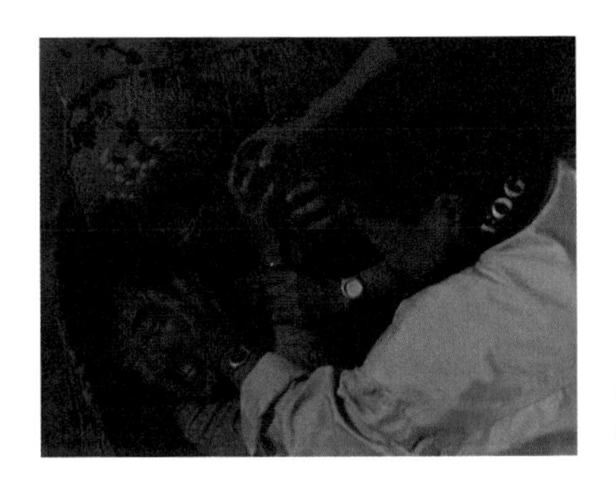

극영화 〈레드 브릭〉 스틸컷.
영상 〈오월광대 고 박효선 1999년〉 발췌

'돈은 없다. 돈은 주지도 못하고 각출할 수도 있다.'라고 했는데, '합시다.' 해서 라면 끓여 먹으면서 작업을 했죠. 카메라 조명도 댈 곳이 없으니까 우리가 할로겐 만들어서 조명 비춰주고, 동시녹음도 VHS 테이프로 하고 그랬는데, 테이프가 아까우니까 NG 안 내려고 리허설을 연극을 하듯 5, 6번을 하고 그랬어요.

그때가 푸른연극마을 극장하고 토박이 극장이 예술의 거리에 있을 때였는데, 토박이 극장에다가 상무대 감빵을 만들어 놓고 찍었어요. 그런데 고문받는 장면을 한 일주일을 가시더라고요. 선생님이 연출을 보면서 OK를 안 하시는 거예요. 다시 찍고, 다시 찍고, 다시 찍고…. 촬영 끝나기 이틀 전엔가 조그마한 가게에서 소주 한 잔 같이 먹으면서 '선배님 앞으로 그 역할 선배님이 하지 마세요.'라고 했죠. 그러니까 자기가 겪었던 일이라 계속 못 놓는 거예요. 그렇게 우여곡절 끝에 끝냈어요. 그리고 촬영 다 끝나고 새벽 4시에 오징어에다가 소주 글라스에 한 잔씩 마시면서 '우리가 수익이 생기면은 3분의 1씩 나눈다.' 이야기했죠. 그래가지고 그 촬영했던 팀하고 '메이필름'이라는 가명도 지었는데 그 뒤로 쓰러지시고 돌아가셨어요. 저한테 숙제를 남겨주신 거죠.

연극으로나마 이야기를 해야겠다.

5·18민주화운동에 접근하는 개인적인 입장은, 역사의 폭력이 그 시대를 살아가는 사람들에게 어떤 상처를 가져다주고, 그 상처로 말미암아 삶이 어떻게 굴절되어버리냐는 거죠. 저에게도 살아남은 자라는 죄책감을 느끼게 하는 트라우마인 동시에, 역사가 정당하게 흘렀다면 청소년다운 시기를 보냈을 거고, 20대다운 열정을 가지고 대학 생활을 했을 거라는 생각이 있어요. 내가 대학 졸업할 때까지 강의실에 앉은 게 1년이 채 되지 않는데 이건 누가 보상해 줄 것인가. 억울한 거죠. 또 항상 관심 가지고 있는 게 5·18민주화운동에 투입됐던 군인들. 그들 역시도 20대이고, 남자들에게 군대라는 건 삶을 살아가는 데서 하나의 술안주 감인데 이 사람들은 그것을 감추고 살아야 하잖아요. 우리나라의 주역이 되어야 하는 20대들을 거기에 몰아넣어 놓고, 이들의 삶을 누가 망가뜨렸는가. 왜 거기에 대한 책임을 지려고 하지 않는 건가.

저도 5·18처럼 무거운 이야기 안 하고 싶죠. 밝은 이야기 하고 싶고, 낭만적인 이야기 하고 싶은데 '나를 그쪽으로 이끄는 주범은 누구냐.'는 거예요. 결국 이 시대를 관통해서 살아온 저로서는 숙명처럼, 많은 사람이 보지 않더라도 연극으로나마 이야기를 해야겠다. 그래서 조금이나마 흔히 이야기하는 진실을 파헤치고, 밝혀지고, 용서를 구하고, 용서해주고. 그래서 다음 세대 만큼은 중요한 시기에 정말 자기가 원하는 삶들을 살아갈 수 있는 날이 와야 하지 않느냐는 거예요. 형태들이 바뀌어있긴 하지만 지금도 비상식적인 일들이 상식화돼서 흘러가고 있고, 비단 5·18만의 문제가 아닌 거죠.

오월극을 특별하게 보지 않으면 좋겠어요.

저는 5·18이 자유로운 소재면 좋겠어요. 그래서 여기서도 만들고, 저기서도 만들고 그래야 이게 대중화가 될 거라고 생각해요. 어쩌다 영화 하나 나왔다고, 특별한 영화처럼 보이고 그런 게 아니면 좋겠어요. 마찬가지로 5·18 소재의 연극을 한다 했을 때도 특별하게 보지 않으면 좋겠어요. 그냥 일반연극 대하듯이 대했으면 좋겠다는 거죠. 그 후로서의 5·18이 아니고 그냥 우리 삶 속에 녹아있는 거였으면 좋겠다. 그리고 광주가 5·18을 대하는 게 좀 경직되어 있다는 느낌이 있어요. **5·18이 감춰야 할 치욕스러운 역사도 아니고, 어떻게 보면 승리의 역사인데 떳떳하게 자랑할 수 있는 우리의 모습이잖아요. 경직된 느낌이나 시선이 결국은 오월극을 바라보는 시선까지 작용하는 건 아닐까 하는 생각이 있어요.**

그 길을 찾아서 가는 거죠.

제 나이가 이제 60을 도래하는데 이제는 목표가 계량적으로 '뭘 이루겠다.'라는 것보다 늙어서 추하고 싶지 않더라고요. 추하다는 게 삶의 모습이 추해지는 것도 있겠지만, 이른바 원로라고 하는 사람들의 행태 그런 건 하고 싶지 않아요. 그다음에 '내가 언제까지 이 현장에 계속 있을 수 있는가.'라는 질문도 하게 됐어요. 그렇다면 내가 나이 먹고 무엇을 해야 할 건가. 그 길을 찾아서 가는 거죠.

보성에 갈 계획이 있는데, 물론 전원생활도 있겠지만 '극장 공연만으로는 한계다.'라는 생각도 있어요. 극단이라는 게 내가 끝내면 끝나 버리는 게 아니라 젊은 세대들에게 뭔가 방향성을 제시하고, 그러면 그들이 더 발전시켜내지 않을까. 광주공연도 할 때가 되면 올라와서 하는데, 주 활동 근거지를 바꿔서 환경도 바꿔보고, 대상도 바꿔보는 거죠. 아직은 모르겠어요. '이렇게 해 보겠다.'라는 생각이 러프하게 있는데 구체적으로 어떻게 활동을 할 건지, 어떤 구성을 하게 될지는 차분히 생각해야죠.

윤만식

학내문화운동만이 아니라 사회문화운동도 필요하겠구나.

먼저 제가 이야기한 것은 다분히 제가 바라본 입장에서 얘기하는 거예요. 그래야겄지 않겠어요? 그때 당시 극회 광대에서 같이 활동했던 사람들이 76학번 사람들이에요. 그리고 저는 71학번이고 극단 토박이의 박효선이가 나보다 두 살 아래죠. 박효선이랑 나랑 선배 그룹이고 나머지는 전부 다 76학번 동년배였어요. 그니까 저는 선배 입장에서 이야기해요. 그러니까 그걸 감안해 주세요.

전대 탈춤반하고 연극반, 조대 탈춤반, 전대 국악반 이렇게 네 개의 서클이 주축이 되어서 만든 게 극회 광대에요. 거기서 제일 많았던 게 전대 탈춤반과 연극반이고. 제가 느낀 바로는 광대를 결성하게 된 계기는 두 가지에요. 첫째는, 우리가 78년도에 탈춤반을 만들었을 때 다른 사람들은 몰라도 저는 학내 문화운동을 한다는 개념으로 만들었어요. 그때 당시에는 문화운동이라는 말이 없었어요. 서울에만 있었죠. 인제 학내 문화운동을 한다는 입장으로 전대 탈춤반을 만들었는데, 내가 79년도에 4학년이 되는 거예요. 졸업함과 동시에 밖에 나가서 문화운동을 계속해야 하는데 바깥 활동의 근거가 있어야 할 거 아니에요. 밖에서 활동할 수 있는 조직이 있어야 한다는 게 첫 번째 계기였어요. 두 번째는, 함평 고구마 사건이 78년도 겨울에 생겨요. 함평 무안 군민들한테 고구마를 심으면 전량 수매를 해주겠다 해서 다 심었는데, 그 약속을 저버리고 해당 군 농협에서 수입을 해버린 거예요. 그니까 고구마는 다 썩게 되잖아요. 그래서 들고 일어난 사건이 함평 고구마 사건이에요. 그때 함평 무안 쪽이 가톨릭 농민회가 활동이 활발했는데, 광주

북동성당하고 계림성당을 점거해서 농성을 시작했어요. 그때 전대 연극반하고 탈춤반이 합류해서 만든 게 〈함평고구마〉라는 마당극이었어요. 광주, 전남 최초의 마당극이라고 정의를 하죠. 그때 시간도 없고 그래서 효선이가 즉흥적으로 대본을 쓰고, 푸대 앞에다가 눈만 떠 놓고, 고구마라고 써서 액션을 하고 그랬어요. **근데 농민들이 엄청나게 좋아한 거예요. 그런 걸 보면서 '아, 학내문화운동만이 아니라 사회문화운동도 필요하겠구나.'하고 느낀 거죠.**

시대의 현실을 이야기하는 마당극

유신 때부터 조직을 만들면 종교하고 관련을 맺었어요. 종교가 조직을 보호해 주는 거죠. 그래서 79년도 겨울에 YWCA에다가 극회 광대를 만들었어요. 첫 작품이 80년에 했던 〈돼지풀이〉였는데 이것도 〈함평고구마〉하고 마찬가지예요. 전국에다가 돼지 장려운동을 해서 전국의 농민들이 인자 텃밭에 조그만 틈만 있으면 칸 막아서 돼지를 기른 거예요. 근데 돼지가 국내 수매한 것보다 수입한 것이 더 싸니까 수입해븐 거예요. 우리 돼지는 흑돼지인데 수입한 돼지들은 백돼지예요. 이걸 사자탈을 이용해 작게 만들어서 흑돼지, 백돼지 싸움을 하게 했어요. 그렇게 〈돼지풀이〉를 만들었어요. 이 작품이 엄청나게 잘 됐어요. 강진, 함평, 무안, 이런 농촌 현장에 가서 공연하기도 하고 가톨릭센터 피정 센터, 기독교 농민회에 가서 공연해 주기도 했어요. 구성이나 구조가 마당극의 전형을 가지고 있는데 아직도 한국 마당극사에서 〈돼지풀이〉같이 잘

된 작품 없다 할 정도예요. 아직도 평론가들이 이걸 따라잡는 공연을 찾질 못했죠.

마당극 〈돼지풀이〉 공연사진 ⓒ 국립극단

계속 공연하고 다니는데 5월이 닥쳐버린 거예요.

광대가 80년 3월, 4월까지 〈돼지풀이〉로 계속 공연하고 다니다가 5월이 닥쳐버린 거예요. 당시에 소설가 황석영이 우리하고 같이 문화운동을 할 때였는데, 남북 분단 문제를 다룬 〈한씨연대기〉를 공연허기로 했어요. 우리가 YWCA 2층, 양서조합 옆 귀퉁이 조그만 공간에 쭉 앉아서 대본리딩을 하고 있었어요. 그때 우리가 5·18을 맞이한 거예요. 창밖을 보면 그 앞에 무등고시학원이 있는데, 군바리들이 우글우글 올라가서 전부 다 머리채 잡고, 모가지 끌고 내려오는 거예요. 이걸 보고 우리가 눈이 안 뒤집혀져블겠냐고요. 그래가지고 바로 투입이 됐죠. 인자 도청으로 들어간 놈도 있고, 우리는 YWCA에서 대자보, 투사회보 작업 뭐 이런 거 하고 그다음에 23일이던가, 궐기대회를 주도했어요.

81년도에 연암 박지원의 「호질」을 각색을 해서 〈호랑이놀이〉를 만들었어요. 5·18에 딱 맞추고 동물들을 등장시켜서 호랑이 이야기를 만들었죠. 그때 당시에 난리가 났어요. YMCA 무진관에서 공연했는데 이 건물 전체를 경찰들이 빙 둘러싸블고, 안에 공연장도 빙 둘러싸브렀어요. 게다가 나갈 때 전투경찰들이 쫙 줄을 서 있어요. 그 사이를 관객들이 나가는 거예요. 사람들이 양쪽에 터널을 맨들어서, 경찰들 못 오게 해서 나갔어요. 이렇게 해서 이 공연 끝나고 자동으로 광대가 해체가 됐어요. 그런데 이대로 있을 수는 없잖아요. 제가 인제 살아남았다는 죄책감도 있잖아요. 그래서 82년도 3월에 놀이패 신명을 만들었어요.

문화라는 장르로 운동을 해야겠다.

82년도에 신명 만들 때가 얼마나 엄혹한 시대였냐면, 이때 운동권이 전부 다 잡혀갔어요. 우리가 왜 살았냐. 우리는 그 역사가 너무 짧은 거예요. 학교 다닐 때 애기들이 좀 왔다 갔다 한 것밖에 없었죠. 79년도에 만들어지고, 80년 5월이었으니까 리스트에 없는 거예요. 74년도에 전국 민청학련 선배들은 다 들어갔잖아요. 5월 17일 날 계엄 확대 해서 다 잡아가 버렸는데 우리는 리스트에 없었으니까 살아남은 거예요. 그래서 그때 운동권이 전부 다 잡혀가 버리고, 부분운동이 있긴 했지만 다 잠잠해지고 죽어가고 있을 때였어요. **그때 운동의 돌파구를 어떻게 찾아야 하느냐. 문화라는 장르를 가지고 할 수밖에 없다. 그런데 광대는 81년도에 강제해산 되어버렸잖아요. 그래서 문화라는 장르로 운동을 해야겠다 해서 놀이패 신명을 만든 거죠.**

처음에는 연출 이름을 안 올렸어요. 올릴라 해도 본인들이 싫어해요. 왜냐, 겁나니까! 안기부에다 정부에서 찔러브러요. 근께 공동연출, 공동구성 이런 말을 썼죠. 신명 창립공연인 〈안담살이 이야기〉도 제가 연출했는데 공동구성, 공동연출로 해놨어요. 근데 그 뒤로 85, 86년도 그때는 '오메, 이거 별거 아니네?' 하고 그때부터 이름을 쓰기 시작한 거예요.

실지로 결혼도 했고, 이것을 우리가 마당판으로 재현을 한번 해보자.

〈넋풀이〉는 윤상원 열사와 박기순 열사의 영혼결혼식을 담은 노래굿이에요. 그때 영혼결혼식을 했어요. 다른 사람들이 유령처럼 하얀 소복을 입고 결혼식을 했고, 문병란 선생님이 주례사로 시 낭송을 했어요. 하고 나서 두 달 뒤에 황석영 씨가 '저 결혼식을 남겨야 하지 않겠느냐.'라고 한 거예요. 황석영 씨는 소설가여서 기록을 잘하는 스타일이거든요. 그래서 그걸 테이프로 만들었는데 거기에 노래가 8곡이 들어가 있어요. 거기 마지막 곡이 임을 위한 행진곡인 거죠. 그때 당시 그것을 녹음할 때, 새벽 2시에 황석영 씨 집에서 오정묵이 기타 치고, 나는 북 치고, 시를 낭독하고. 그게 바로 '넋풀이 테이프'에요. 지금은 버튼 하나 누르면 대량으로 녹음이 되잖아요. 근데 그때 당시에는 카세트를 쫙 놔두고, 다섯 개를 연결해요. 한 시간에 다섯 개가 나오는 거죠. 다 빼고, 비면 또 넣어서 하고 이런 식으로 수백 개를 만들었어요. 그걸 보급을 엄청나게 하고 기증도 했죠.

근데 왜 〈넋풀이〉를 만들었냐면, 테이프는 그냥 듣는 거잖아요. 그래서 '실지로 결혼도 했고, 이것을 우리가 마당판으로 재현을 한번 해보자.' 해서 마당판으로 짜게 된 거죠. 그래서 〈넋풀이〉를 노래굿이라는 형태로 만들었어요. 우리가 굿이라는 말을 좋아해요. 이 굿이라는 게 우리나라 전통 무속이고, 민속인 거예요. 근데 다른 사람들은 굿이라 하믄 무당, 샤머니즘 쪽으로만 생각하죠. 우리는 굿이란 말을 많이 쓰는데 사람들이 싫어하니까 공식적으로는 극이라고 많이 써요.

전시 〈봉산아 양주와 놀자!〉 사진

우리가 탈을 만들어불자.

대학 다닐 때 탈춤 전수를 받았어요. 경상도에 있는 통영오광대나 고성오광대 다 갔죠. 탈춤을 추게 되면 이 탈이 전통탈이어야 되는데 전통탈은 전수소에 있어요. 공연할 때 이걸 빌려와야 하는데 잘 빌려주지 않아요. 탈 쓰고 허면 땀이 막 솟고 허니까는 헤지기도 하고, 분실되는 문제도 있기 때문이에요. 그래서 '아 우리가 만들어불자.' 이렇게 된 거예요.

그래서 인제 대표적인 것만 제가 만들어요. 탈을 만드는 소재가 지역마다 다른데 바가지로 만드는 양주별산대와 한지로 만드는 봉산 전통탈을 만들고 그다음에 이걸 응용한 창작탈을 만들어요. 또 테라코타 흙으로 만든 탈은 석고로 뜬 틀에 흙을 짓이겨 넣어놓고, 분리해서 불에 구워내는 방식으로 만들어요. 이런 탈들을 가지고 전시를 했지요. 네 번 정도 한 것 같아요.

원칙은 지켜야 한다.

문화운동을 한 사람 입장에서 이야기할게요. 저는 진보적인 사고를 가지고 있기 때문에 요즘 젊은이들이 전통문화를 비틀고, 변형시키고 하는 거는 다 이해해요. 그러나 '원칙은 지켜야 한다.'는 사명감을 느끼고 있어요. 그런데 지금 심각한 게 뭐냐면, 우리 민족이 가져가고 있는 이 전통문화가 곧 없어져요. 방금 이야기했다시피 비틀고, 변형시키고 하는 바람에 전통을 고수하는 게 너무 없어요.

그리고 인자 중요무형문화재와 중요유형문화재가 있잖아요. 유형문화재는 보이니까 상품으로 만들어서 사업할 수가 있어요. 근데 무형문화는 형태가 없어요. 이 사람들은 중요무형문화재가 됐다고 자부심을 느끼고 하는데 문제는 이것만 가지고 생계가 유지가 안 된다는 거죠. 그니까 배우려는 사람들이 없어서 자기 자식들한테 가르치는 거예요. 그렇지 않으면 이을 사람이 없으니까. 그런데 보존이라면서 영상만 찍고 있죠. 그것을 보존이라고 생각을 해요. 문화, 전통문화, 민속문화, 민족문화 이런 걸 보존을 해야 하는데, 안 되고 있어서 안타깝다는 생각이 들어요.

2장

따로 또 같이 끌고 온 80년 5월

이당금

살아남은 자들의 책임감처럼 계속해야 할 역할이지 않을까

80년 5월은 광주 이야기고, 광주 시민의 이야기라고는 하지만 실제로 보면 광주 도청을 중심으로 살았던 사람들과 도청에 나왔던 사람들을 중심으로 이야기가 많이 회자가 되고 있잖아요. 물론 그 중심으로 항쟁이 진행됐기 때문에 그들의 상처, 트라우마의 몫이 굉장히 컸겠죠? 그 시절 80년을 살아왔던 예술가들이 분명 있고, 민중미술이나 민중극 등을 살아남은 자의 해야 할 일로써 80년 5월을 다루고 있고요. 이렇게 역사적인 주기와 같이 가는 사람들이 있는 반면에 그 주변에 있을 수 없었던, 거기에 안 가고 싶어서가 아니라 시간적인, 거리적인 여건 때문에 못 갈 수밖에 없는 그런 상황들도 있었을 거잖아요. 극단 푸른연극마을도 마찬가지예요. 1980년 오월 현장을 관통했던 사람이 한 명도 없지만, 우리는 예술가로서 지금 광주란 도시에서 살고있는 연극 단체로 80년 5월 이야기를 안 할 수가 없는 거죠. 그게 광주사람인 거예요.

매년 오월이 되면 '우리도 뭔가를 하고 싶다.'라는 생각을 해요. **'우리 또한 살아남은 자들의 책임감처럼, 지금 이곳에서 연극을 하고 있다면 언젠가는, 앞으로는, 그리고 계속해야 할 역할이지 않을까.'** 하는 생각으로 시작한 거예요. 그 이후부터 꾸준히 작업해 오고 있어요.

그 당시 오월에 있었던, 이름 모르게 죽어간 사람들

극단 푸른연극마을은 80년 5월을 드라마적 양식의 다른 시각으로 접근하고 싶었어요. 예를 들어보자면 놀이패 신명은 마당극적인 형식으로 공연을 하고, 극단 토박이는 80년 당시 홍보부장이었던 박효선 선생님이 계셨기 때문에 현장에 있었던 인물을 중심으로 오월 이야기를 공연했거든요. 우리는 오월드라마의 주인공들을 이름 없는 소시민, 그냥 어느 누구나가 될 수 있는 광주에 살았던 모든 사람들이 주인공이어야 한다고 해요. 소위 말하는 유족회, 부상자 소속도 아닌, 그냥 그 당시 오월에 광주에 있었던, 이름 없이 죽어간 사람들. 특별한 인물 중심이 아니라 넝마주이, 구두닦이처럼 그때를 살아왔던 사회 약자들. 빽없고, 가난하고, 이름 없는 사람들의 이야기를 해요.

〈그들의 새벽〉에서는 최하위 계층의 구두닦이, 다방 아가씨, 짜장면집 종업원 등을 중심으로 야학을 다니는 불우한 처지에 있는 청년들, 청춘 남녀들의 사랑 이야기들로 구성되어요. 27일까지 버텼던 사람들은 운동권 학생보다 노동자, 야학생, 이름 없는 일반 시민들이었어요. 영화 〈김군〉의 김군이라고 불리는 사람도 이름도

연극 〈그들의 새벽〉 공연사진

모르는, '어이 김군.'이라고 불리우는 넝마주이였기 때문에 아무리 찾으려 해도 못 찾고, 죽었는지 살았는지 알 수가 없었던 거였죠. 그런데 마침, 그들이 자주 막걸리를 마시고 허기를 때우던 어느 점포의 따님(주옥씨)이 알아본 덕분에 김군이라고만 알 수 있었던 거죠. 학동 쪽에 사는 넝마주이였는데 그분이 아니었다면 혈연도, 지연도 없으니까 찾을 수가 없었던 거죠. 만약에 어떤 누구였다면 '아, 걔 어디 학교 다녀. 누구더라.' 이렇게 됐을 텐데 넝마주이들은 주민등록증이 있었던 것도 아니니까요. 정말 학동 배고픈 다리 밑에서 자던 사람들이 그 현장에서 탱크 타고, 마지막 27일까지 총 들고 그 현장에 있었다는 거죠. 그래서 이런 이름 없는, 소시민들의 이야기를 하고자 했던 거예요.

연극 〈오월의 석류〉
공연사진 ⓒ 강철

80년 5월을 떠올리면서 상징성을 가진 것들로 표현해요.

작품마다 상징적인 것들이 있어요. 〈오월의 석류〉는 광주 작가 양수근의 작품인데, 작가 집이 있는 산수동 근처에는 석류나무가 흔하게 있었대요. 동네 집집마다 감나무 심어져 있듯이 석류나무들이 많았는데 이 석류나무가 5월이면 빨간 꽃이 핀대요. 생명이 피어나는 계절 5월은 죽음으로 상징되는 80년 오월과 오버랩되죠. 생명과 죽음 그리고 피. 피의 색깔을 상징적으로 표현하는 것은 빨간색이기 때문에 5월에 피는 석류꽃을 피게 하며 생명과 죽음을 표현하는 상징적인 의미로 주인공 집에 석류나무를 둔 거예요.

황지우 동명 소설이 원작인 〈오월의 신부〉 연극에서도 캐릭터마다 떠오르는 인물이 있는 건 직접적으로 쓸 수 없었기 때문일 거예요. 실제 인물로 쓰면 '그 사람만 있었냐.'라고 이야기할 수 있으니 상징성을 가지고 있는 인물로 표현을 한 거죠.

모든 역사의 현장에는 여자가 있었다.

〈AUMMA, 애〉는 동학혁명 이후, 일제강점기, 6·25전쟁, 80년 5월, 4·16 세월호 참사라는 역사적 줄기에 온몸으로 역사의 희생이 되어 이 땅을 지켜온 여성이자 엄마의 이야기를 한 작품이에요. 박양희, 박선욱 그리고 저. 이렇게 세 명의 아티스트가 의기투합했어요. 가끔 서로의 작품에 서포팅을 하면서 협업하기도 했는데 2012년도에 총체극 〈망월〉을 준비하면서 그때 제가 그랬죠. '아예 우리끼리 제대로 된 작품 하나 만들자.'라고 도모한 것이 〈AUMMA, 애〉였어요. 〈AUMMA, 애〉는 세 명의 예술가가 한 명의 여성 서사를 따로 또 같이 표현하는 총체극 형식을 띄고 있어요. 음악은 뮤지션 박양희언니가, 몸짓은 광주여대 박신욱 교수가, 저는 극의 중심을 이루는 배우로서 텍스트들의 서사를 풀어내면서 음악, 춤, 연극이 빛나는 종합예술작품이 탄생했어요.

〈AUMMA, 애〉의 애는 비빌언덕이란 뜻이에요. 엄마는 세상의 모든 사람들의 비빌 언덕이자, 모든 것을 막아주는 무조건적인 사랑이란 의미를 담고 있어요. **'모든 역사의 현장에는 여성이 있었다.'. 특히 오월, 4·16 세월호 참사를 건너오면서 엄마는 여성으로서의 사회적 역할을 역사의 소용돌이 앞에서 몸으로 막아내고 뚫고 일어선 강력한 여성들이었어요.** 그래서 여성이 엄마로서, 엄마가 여성으로서 이야기를 풀어내고자 했던 거예요. 엄마의 엄마, 그 엄마의 엄마, 그 엄마가 나, 여성으로 존재했던 이야기를 하고자 한 거예요.

'우리도 올해부터는 작은 공연이라도 직접 해야겠다.'

2020년이 5·18민주화운동 40주년이었잖아요. 극단 내에서 오월 행사를 자체적으로 해야겠다고 생각하고 있었어요. 물론 매해 5·18항쟁 기간 동안 연극공연을 올렸지만 5·18민중항쟁기념행사위원회 소속의 공식행사는 아니었어요. 마치 우리만의 추모제 연극공연을 했던 것이죠. 하지만 일반 시민들, 학생들, 타지역 관객들까지 모객하기는 힘이 들었어요. 물론, 5·18전야제 행사에 단원들이 개별적으로 참여하며 힘을 보태기도 했지요. 올해는 특별히 도청광장이라는 그날의 현장에서 젊은 배우들과 함께하는 공연을 해봐야겠다는 취지로 〈내 인생의 오월, 그 봄날에〉라는 낭독연극을 한 거예요. 이제 막 연극을 시작하는 젊은 친구들에게 연극으로 5·18 공부를 하는 데 큰 도움이 되겠다 싶었어요. 2020년 초에 신입 배우들이 서너 명 들어왔거든요. 오월시와 오월극 장면들을 엮어 낭독연극을 만들었죠. 그리고 공연은 5월 18일과 26일로 계획했어요. 18일은 오월의 역사적인 날이고, 26일은 새벽에 계엄군이 들어오기 전 마지막 긴장감이 도는 상황이었기 때문이에요. 18일은 망월묘역에서, 27일은 5·18민주광장에서 공연을 했죠.

게다가, 코로나-19 때문에 40주년 전야제 행사 중 대부분의 크고 작은 행사가 축소되고, 취소되기도 했는데 '우리도 공연을 안 하면 18일에 망월묘역에 오시는 분들이 너무 허망하겠다.' 싶어서 18일에 망월묘역에서 공연을 했어요. 그때 마침 이한열 열사의 어머니, 배순심 여사께서 망월묘역에서 다른 행사에 참석하고 계셨어요. 다른 곳에 계시다가 공연 소리를 듣고 오신 거예요. 손을 잡아주면서 "옴메 날 뜨건디, 해 뜨건디 애쓰네.", "이렇게 항상 기억해줘서 고맙다."라고 말씀해 주셨어요. 그렇게 배순심 여사께서 우리에게 성큼성큼 다가오시며 손을 잡아 주신 그 순간이 5·18이었던 거죠.

노래하라 그대!
때 : 1984년 3월 17일 (土) 7시
3월 18일 (日) 4시, 7시
일시 : '89. 4.11 ▶ 4.23
평일 : 6시
공연문의 : 526-3630
광주 YWCA
청실홍실
1997. 7. 5 ▶ 7. 13
모란꽃

임해정

저한테는 굉장히 무서웠던 분위기로 기억돼요.

저는 고향이 광주가 아니라 장흥이에요. 저는 5·18민주화운동 이야기를 잘 몰랐는데 그때 우리 오빠가 고등학생이었고 광주에서 학교를 다니고 있었어요. 저희 아버지가 '광주가 난리가 났다더라.'라고 말했어요. 그러니까 '6·25 때처럼 사람들이 빨갱이로 몰렸다.', '우리를 지켜야 할 군인들이 사람들을 빨갱이로 몰아서 무고한 사람들을 많이 죽였다.'. 사람들이 하는 이야기가 그랬어요. 광주가 그때 그런 식이었다는 거죠. 하여튼 '군인들이 광주사람들을 빨갱이로 몰아서 죽이는 학살을 하고 있다.'. 그게 티비에는 안 나왔어도 소문은 타고 내려오니까 아버지가 그 소식을 듣고 오빠를 찾으러 광주에 갔고, 광주에 못 들어가니까 나주 쪽에 내려서 산을 넘어서 광주에 들어가 오빠를 시내에 못 나가게 했어요. 다녀와서 나중에 이야기를 하는 데 어떤 일이 있었는지 말을 안 하는 거예요. 왜냐면 6·25를 겪은 세대는 그게 학습돼 있어요. 말만 해도 잡아가는 걸 아니까 말을 안 하는 거죠. 그때 또 기억나는 건 장흥에 있는 본가가 경찰서 옆이었고 우리 집이 슈퍼를 하고 있었는데 광주에서 시위대가 왔었어요. 동네 사람들 중에서 자발적으로 빵, 음료수를 사서 주는 사람들이 있었고, 해코지를 당할지 모른다고 하는 사람들 두 갈래로 나뉘었던 것 같아요. 어쨌든 저한테는 굉장히 무서웠던 분위기로 기억돼요.

한 번도 만나보지 못했던 세상

제가 전남대학교에 들어가면서 광주를 왔는데 그때 전남대학교 연극반에 들어갔어요. 대학교 1학년 때 〈자랏골의 비가〉를 했었어요. 〈자랏골의 비가〉는 송기숙 작가가 쓴 소설이 원작인데 신안에 암태도라는 섬이 있어요. 일제시대 때 하층 농민들이죠. 소작이라고 하는데 농사지으라고 논을 나누어주고 다 짓고 나면 다 뺏어가고 얼마 남지 않아요. 일은 다 했는데. 지주가 여자도 아무나 데려가서 성폭행하고 돈이고 뭐고 다 가져가고 독재를 한 거죠. 그러니까 더 이상 견딜 수 없었던 마을 사람들이 힘을 합쳐 지주와 싸우다 죽는 그런 이야기인데 작품을 하려고 하니 1학년이기도 했고 그래서 공부를 시켰어요. 일제 시대부터, 역사 시간에 한 번도 배우지 않은 것들을 배웠는데 너무 놀랐어요. 저는 제주 4·3 사건이 있었는지도 몰랐던 거예요. 막혀있었으니까. 그렇게 오월도 알게 되었는데 노란 갱지로 된 두꺼운 책자가 있었어요. 암암리에 돌아다니는 5·18 자료집인데 「죽음을 넘어 시대의 어둠을 넘어」도 복사가 돼서 나중에 책으로 나온 거예요. 아무튼, 그렇게 오월 항쟁집이 돌아다니고 있었는데 그때는 짐을 뒤질 수 있었으니까. 교문 앞에서 경찰들이 아예 죽치고 지키면서 유인물 한 장이라도 걸리면 바로 국가보안법으로 끌려가서 맞고 이랬어요. 그래서 가지고 다닐 수 없었어요. 전남대학교 연극반 같은 경우에도 사찰을 당하고 있었으니까 사복경찰들이 뭐만 있으면 들어와서 싹 뒤지는 거예요. 그래서 연극 연습을 하는 것처럼 보일 수 있게 누구는 대사를 외우고 나머지는 숨어서 공부했어요. 처음 5·18을 접했을 때 사진부터 해서 엄청난 자료들, 증언들이 타자기로 쳐져 있었는데 너무나 충격을 받았어요. 어릴 때 아버지가 말해준 '큰일이 있었다.' 이런 건 있었는데, 저는 그걸 본 순간에 너무나 충격을 받은 거죠. 지금도 자면 머릿속에 사진이 떠오를 정도로 생생하게 기억이 나요. 그때는 그렇게 공부를 했었어요.

'한 번 더 해볼까?'라는 생각으로 가서 본격적으로 시작했어요.

〈자랏골의 비가〉에서 제가 일인다역으로 다른 역과 함께 엄마 역을 맡게 됐어요. 마지막에 아들이 죽고 엄마가 아들 이름을 부르면서 쫓아나가는 장면이 있었는데 지금 생각해 보면 감정이입이 잘 됐어요. 그렇게 〈자랏골의 비가〉를 끝내고 나서 그 고생을 또 하려고 하니 연극반에 가기 싫은 거예요. 그래서 안 나간다는 말도 안 하고 그냥 안 나갔어요. 제가 전남대학교 후문 쪽에서 자취를 해서 수업을 들으려면 연극반을 지나서 인문대로 가야 했는데 연극반 사람들을 만날까봐 멀리 돌아서 갔었어요. '나는 연극 그만해야 되겠다.' 하고 도망 다녔었죠. 그렇게 도망 다녔는데 어느 날 우리 과 사무실 앞에 멘토 언니가 저를 기다리고 있는 거예요. 그 언니를 보는 순간 너무 놀래서 얼굴이 하얘졌어요. 나중에 알고 보니까 저 같은 애들이 많았던 거죠. 그 언니가 제 멘토니까 저를 만나러 와서 "너 왜 그래"라고 물어보더라고요. 그래서 제가 "너무 힘들고요, 못하겠고요…."라고 말을 했더니 그 언니가 "그럼 너가 공연을 해 봤으니까 연극을 계속할 것인지에 대해서 생각을 한번 해 봐라. 이건 거쳐 가는 과정이고 상황이다."라고 설득이라고 해야 할까? 그렇게 이야기를 해줬어요. 그러고 나서 한 학기 정도가 지났는데 그래도 가기 싫더라고요. 그때까지만 해도 '난 안 할 거야.'라고 생각하고 있었죠.

전대 연극반은 한 작품을 끝내면 바로 다음 작품을 준비했는데 전남대학교 강당 안쪽에 연극반 동아리실이 있었어요. 그 앞을 지나가고 있는데 발성 연습하고 작품 연습하는 소리가 들리는 거예요. 그 연습 하는 소리를 듣는데 선배가 해준 말이 생각나면서 무대에서 했던 그 장면과 함께 왠지 '하고 싶다.'라는 생각이 드는 거예요. '그 무대 위에서 느꼈던 건 뭐지?', '뭐였을까?', '왜 그런 게 일어났을까?' 이런 생각이 들어서 '한 번 더 해볼까?'라는 생각으로 가서 다시 시작했고 지금까지 쭉 해 온 거죠.

우리는 오월을 잘 전달 해야 한다.

토박이는 전대 연극반 선배들이 졸업하고 나서도 연극을 계속하고 싶어서 동아리처럼 처음에 시작했었어요. 그렇게 시작을 했다가 개방이 된 건데 〈잠행〉이라는 작품이 토박이에서 오월을 다룬 다른극보다 먼저예요. 그때 공연 진행을 도와달라고 해서 가서 도와줬었는데, 저는 그때 〈잠행〉이라는 작품으로 오월극을 처음 본 거예요. 저는 이 작품을 되게 좋아해요. 〈잠행〉이라는 작품은 5월 당시 항쟁에 참여했던 두 사람이 계속 도망을 다니는데 그 긴장감과 살아남았다는 죄책감, 앞으로 다가올 불안감. 세상에 나가보고 싶은데 숨어있어야 하는 그런 내용이었는데 그게 너무 슬프게 왔어요. 그전에 공부했던 것들도 떠오르기도 하면서 그때 참 많이 울었어요. 잘 모르겠는데도 불구하고 그 현실이 너무 슬펐던 거죠.

그렇게 오월극을 접했어요.

그러다 제가 대학교 3학년 때 〈금희의 오월〉을 토박이에서 만들고 있었어요. 자세히는 몰랐었고 그냥 어렴풋이 오월에 관련된 걸 한다고 들려왔었거든요. 그때는 토박이 사무실이 오픈됐었을 때라 연습한다고 해서 놀러 갔는데 다른 배우들이 있었고 가서 대본을 읽고 듣는데 너무 하고 싶은 거예요. 전남대학교 연극반을 하면서 시대 공부도 하고 외국작품을 읽기도 했지만 그때까지 읽은 작품에서는 느낄 수 없는 감동을 받았고 너무 하고 싶었어요. 그래서 박효선 선배한테 '하고 싶다.'라고 말했죠. 사실 대학교 3학년 때는 연극을 계속할 생각이 없었어요. 3학년 말이고 4학년이 되면 취업 준비나 이런 계획을 했었죠. 또 집에서 연극을 너무 반대했었으니까. 그래서 '그만해야겠다.' 했는데 〈금희의 오월〉은 다른 걸 생각할 거 없이 '무조건 해야겠다.'라고 생각했어요. 그래서 하고 싶다고 했더니 한번 대본을 읽어보라고 하시더라고요. 근데 별로 연구할 게 없는 거예요. 다 저한테 잘 맞는. 그런 작품이 있어요. 읽기만 해도 감정이 올라오는 작품이 있는데 저한테는 〈금희의 오월〉이 그랬던 거죠. 그래서 '너무 좋다, 이거는 꼭 해야겠다.' 해서 〈금희의 오월〉 작업을 했고 토박이에 들어오게 된 거죠.

〈금희의 오월〉도 첩보 작전을 하는 것처럼 만들었어요. '오월작품을 만든다는 걸 알면 끌려갈 수 있다.'라는 공포와 〈금희의 오월〉을 공연했을 때 '광주사람들은 실제를 겪어버렸는데 이게 극으로 됐을 때 어떤 반응일까?'가 굉장히 두려웠어요. '이게 얼마나 전달이 될까?' 하는 두려움이 있었죠. 후배인 저도 그런 공포감이 있었는데 그걸 만든 박효선 선배님은 얼마나 중압감과

연극 〈금희의 오월〉 공연사진. 영상 〈오월광대 고 박효선 1999년〉 발췌

공포가 있었겠어요. 〈금희의 오월〉 첫 공연으로 서울 공연을 앞두고 있었는데 소품이나 이런 것들이 탈취당하지 않을까 하는 공포도 있었고 항상 불안감 속에서 연습했었어요. 〈금희의 오월〉 작업은 대본 작업만 거의 3~4개월을 하고 그 뒤로도 끊임없이 고쳐나가면서 했던 작품이에요. 연습 기간도 상당히 길었었고. 그니까 '좋은 작품을 만든다.'기 보다는 '우리는 오월을 잘 전달 해야 한다.'. 이런 게 있었죠.

극이라는 게 사람과 사람이 만나는 거죠.

토박이가 〈금희의 오월〉과 〈모란꽃〉 작품으로 미국공연을 하러 갔었어요. 재미 한 청년 주체로 해서 미국의 8개 도시와 캐나다 토론토를 갔었어요. 1세대, 2세대, 3세대가 있고, 유학생도 있고 이런 데인데 각 지부마다 공연 조건은 굉장히 열악했었어요. 작은 교회에서 하기도 했었으니까. 관객 중에는 한국 사람이 데리고 온 한국 사람도 있었지만, 한 3분의 1 정도는 한국 사람이 데리고 온 외국 사람들이다 보니까 언어의 장벽이 있을 거 아니에요. 그래서 자막을 다 만들어서 틀어주면서 했었어요. 〈금희의 오월〉은 오프오프브로드웨이에서도 공연을 했는데, 거긴 거의 실험극이나 제3세계 쪽의 공연들을 하는 곳이에요. 사실 오프오프브로드웨이에서도 공연하기 힘들죠. 작품이나 여러 가지 증빙을 다 해야 하는 게 있는데 〈금희의 오월〉의 작품성이 인정되어서 오프오프브로드웨이에 섰었어요. 95~96년도에 갔었는데, 그때 우리나라에서는 광주 5월을 꽉 막아 놨다가 87년 봄을 거쳐서 오월 비디오나 사진 이런 것들이 막 퍼져서 알려질 때였는데 거긴 오히려 더 많이 알고 있었어요. 정보를 차단하지 않으니까. 그래서 80년 5월이라는 주제 때문에 현지 공연 관계자들이 좀 왔었어요. 감독도 왔었고 연출가도 왔었는데 작품성이나 주제 등 여러 가지 모든 면에서 극찬했었어요. 미국의 재미 한 청년 단체뿐만 아니라 1세대, 2세대, 2.5세대, 3세대, 유학생 그리고 젊은 친구들부터 장년층까지 아주 다양했어요. 어느 도시를 가든 공연을 하고 나면 울음바다가 되는 거예요. 음악을 귀로만 듣는 것과 바로 눈앞에서 직접 호흡하고 라이브로 듣는 건 전혀 다르잖아요. 연극도 그런 거죠. 극이라는 게 사람과 사람이 만나는 거예요. 배우와 관객으로, 사람과 사람으로. 만나서 그 사이에 보이지 않는 감정의 흐름이나 이 장소에서 동시에 호흡하고 한 주제를 가지고 느끼는 거죠. 말이 통하지 않더라도 몸짓으로, 느낌으로 감정이 통하는 거예요. 그래서 울음바다가 되고, 한탄스러워하고, [illegible]하고. 외국 사람들은 [illegible] [illegible]. 일어나서 박수치고 박수가 안 멈추고 이랬어요. 오프오프브로드웨이에서 공연도 되게 좋았었죠.

근데 제가 얼마 전 〈금희의 오월〉을 다시 읽어보니까 시대가 지나면서 단절되는 것들이 있어요. 예를 들면 지명이나 전라도 사투리 이런 것들. 유동을 모르더라고요. 가톨릭센터도 없어졌잖아요. 우리는 카센이라고 불렀어요. 한 10년 전까지만 해도 카센하면 다 알았어요. 지금은 '카센이 어디야?' 이렇게 돼버리더라고요. 사투리나 전라도 말을 하면 요즘은 '저게 뭔 말이야?'가 되어버리는 어떤 언어나 대사에서 흐르는 단절감들이 있더라고요. 만약 지금 한다면 기조는 그대로 두더라도 알아먹을 수 있게 수정을 해야겠죠.

오월 당시에 여성들이 너무나 헌신적이고 감동을 줬다.

〈모란꽃〉은 심리극이에요. 심리극을 실제로 본 적이 있는지 모르겠는데 심리극은 환자와 환자를 상담하는 의사가 있어요. 그리고 환자의 내면을 표현해 주는 배우들이 있는데 보조자아라고 해요. 보조자아는 환자가 힘들어하는 어떤 것들을 대신해서 말을 해 주고 듣고 싶어 하는 이야기를 해주기도 해요. 이게 심리극 형태에요. 작품을 창작할 때 먼저 주제, 소재를 갖고 텍스트를 풀다가 여기에 걸맞은 형식을 정하기도 하는데 〈모란꽃〉은 애초에 심리극의 형태로 잡았어요. 〈모란꽃〉은 오월에 참여해 상처와 고통을 받고 있는 여성들에 대해 이야기 해요. 지금은 5·18 심리치료를 하는 트라우마 센터도 만들어지고 했지만, 그때 당시에는 그런 것도 없었고 오직 싸움하고 있는 때였기 때문에 자연스럽게 심리극 형태가 나왔어요. 마지막까지 지켜낸 사람들과 여성들. 박효선 선배님은 직접 그 현장들을 봤기 때문에 어떤 상황인지를 너무 잘 알고 있었죠. 여성들이 그 안에 같이 있었기 때문에 그 이야기를 하고 싶다는 이야기가 전부터 나왔었어요. 그 전에 각색을 해서 공연을 하는 다른 작업 과정에서 축적이 되고, 여러 실제 사례도 많이 모았으니까 그런 인물들이 응축되어서 〈모란꽃〉의 주인공인 이현옥이라는 인물이 나왔어요. 박효선 선배님은 그 당시에 그 자리에 있었잖아요. 박효선 선배님은 '그 여성들이 오월 당시에 너무나 헌신적이고 너무나 감동을 줬다.'라고 말씀하셨어요. 박효선 선배님 작품이 생생함으로 오는 건 멀리서 본 게 아니라 자기 주변의 인물과 그 역사의 현장에 있었고 그 이야기를 하기 때문이라고 생각해요. 가상으로 하거나

연극 〈모란꽃〉
공연사진

어디서 이야기를 듣고 온 게 아니니까 생생함으로 오는 거죠. 선배님이 봤고 겪었던. 고통 속에서 살고 있는 선배, 후배, 지인들의 이야기. 하나하나 잊지 않고 찾아가면서 그걸 이야기하는 거예요.

지금 우리가 살아가는 이야기

오월을 겪지 않은 세대들은 오월을 잘 모르잖아요. 근데 오월을 알려야겠는 거예요. 오월을 겪지 않은 세대가 오월이 무섭거나 어려운 먼 역사의 이야기가 아니라 지금 우리가 살아가는 이야기라고 받아들여서 '어? 오월이 이런 거야?' 하면서 오월에 대해 관심을 갖게 하는 게 〈오! 금남식당〉의 첫 번째 의도이자 목적이었어요. 그렇다 보니까 '어떻게 다가갈 수 있을까'가 되게 고민스러웠고 '그럼 주먹밥으로 오월의 공동체성을 먼저 이야기해보자. 그동안 피 흘리면서 싸우고 상처받는 이야기는 우리 입장에서는 많이 했다. 주먹밥으로 오월의 공동체성을 이야기해보자.'라는 말이 나왔어요. 단순히 '주먹밥을 나눠 먹었다.'라고만 이야기하면 막연하니까 그걸 요리라는 소재로 풀어서 만든 거죠. 사실 의도대로 안되면 어쩌지 하는 걱정은 있었는데 의외로 사람들이 좋아했어요. 학교에서도 많이 공연했고 타지역의 학생이나 지역민들도 많이 보러 왔어요. 반응은 대부분 굉장히 좋은 편이에요. '아, 오월이 이런 것이었구나. 자료로는 봤는데 이랬구나, 알겠다.'라고 하시죠. 광주의 역사를 알고 싶어 광주에 와서 기록관, 국립묘역, 도청에 가요. 근데 건물만 있는 거죠. 어딜가나 비슷비슷한 사진 자료하고요. 직접 광주에 와서 느끼고 싶은데 별반 다른 게 없는 거예요. 근데 오월극을 보고 나면 구체적이고 생생하니까. 이런 것들이 소문이 나면서 보러오고 그래요.

자기가 가지고 있는 무기로 싸워야 한다.

우리가 흔히 오월극이라고 하잖아요. 우리는 오월극 하면 80년 5월을 주제나 소재로 한 작품이라고 떠올리는데 더 어린 친구들은 오월극이라는 장르가 있냐고 물어보는 거예요. 그래서 드는 생각이 '오월극이라고 했을 때 바로 80년 5월을 떠올리는 세대와 오월극이 뭔지 모르는 세대로 나뉠 수 있겠다. 그러면서 '그럼 시간은 계속 갈 텐데 앞으로 어떻게 해야 하지?' 나는 내 선배에게 배워서 지금까지 하고 있는데 그럼 나 이후엔 누가 있지? 그 이후엔 누가 있지? 어느 순간에 '오월극이 뭐예요?' 하는 세대까지 왔는데, 그건 잘못된 게 아니에요. 너무나 자연스러운 흐름이에요. 시간이 가니까. **근데 '어느 순간에 오월을 아무도 이야기하지 않으면 어쩌지?'라고 생각해 보는 거예요. 그러면 어떻게 해야 하는가. 지금 할 수 있는 사람들이 전쟁을 치르듯이 해야 한다. 조금이라도 젊은 세대들에게 이야기하고, 또 이야기하고, 지겨워하더라도 더 이야기하고, 자꾸 물에 젖듯이 젖게 만들어야 하는 거죠.** 그게 우리의 몫이라고 생각해요. 우리의 전 세대는 겪고 지켜낸 세대라면 우리는 거기에 젖어서 그 젖은 것을 다음 세대에 더 많이 젖을 수 있도록 하는 것이 우리의 몫이라고 생각해요. 그래서 이건 못 놓는 게 아니라 놓을 수 없는 거죠. 5월에 대한 할 일은 너무나 많은 거예요. 숨겨진 이야기가 조금씩 나오고 있는데 그 숨겨진 이야기가 얼마나 많겠어요. 그래서 이야기를 하는 게 끊길까 봐 무섭고 그걸 끊임없이 해야 하는 게 지금 세대의 일이라고 생각해요. 광주에서 조금만 벗어나면 '빨갱이가 한 거.' 이렇게 알고 있는 사람들도 있으니까 '광주라는 곳에서 365일 살고 있고 호흡하고 있는 사람들이 안 하면 누가 할 거냐.'라고 생각하는 거죠. 저는 극을 하는 사람은 극으로, 마당극을 하는 사람은 마당극으로, 노래하는 사람은 노래로 자기가 가지고 있는 무기, 그 무기로 싸워야 한다고 생각하는 거죠. 그렇지 않으면 시간에 지는 거고, 변해가는 세태 흐름에 지는 거기 때문에 끊임없이 자기 무기로 싸워야 한다고 생각해요.

정찬일

뭐 별거 있어? 한번 해봅시다!

처음부터 오월극을 하겠다고 놀이패 신명에 들어온 건 아니었어요. 대학교 1학년 때 기독청년회 활동을 했었는데 그때 사회패하고 대학에 있는 동아리, 농촌 교회들과 함께 마당극을 했죠. 추수감사제 때 공연을 통해서 농민들한테 '사회의 이런 것들을 바꿔보자.'라고 대선풍자극을 했어요. 다 같이 순회공연 다니는 거나 모여서 연습하고, 끝나면 술 먹고, 거기서 자면서 이불이 없으니까 커튼 떼어다가 덮고 이런 느낌이 좋았어요.

그리고 학생회 활동을 꾸준히 했었어요. 졸업을 앞뒀을 때가 한참 IMF 터졌을 때였는데 '뭘 한번 해 볼까.', '재밌는 일 없을까?' 고민하고 있었죠. 그러다 당시 알았던 누나가 연락이 와서 '신명에서 술 먹는데 놀러 올래?' 한 거예요. 그래서 갔는데 사람들은 이미 제가 입단한다 생각하고 있더라고요. 술 진탕 먹고 다음 날 나와서 다시 아르바이트하고 했는데 그 뒤로 선배들이 절 잡으러(?) 다녔죠. 아르바이트 끝나면 데리러 오고, 도로 위의 쫓고 쫓기는. (웃음) 그렇게 하다가 '아 뭐 별거 있어? 한번 해봅시다!' 해서 들어오게 됐어요. 그때는 제가 신명이 뭘 하는지 잘 모르고 있었어요. 명분이 있던 건 아니지만 사람에 대한 믿음 같은 게 있었고, 재밌겠다고 생각했어요.

그때는 사회 분위기가 그랬어요.

신명에 입단하는 게 크게 부담스럽진 않았어요. 대학 다니면서 집에 안 가고, 학교에서 자고, 데모하고 돌아다니고 했어서 그런 정서를 가지고 있었죠. 제가 고등학교 때 광주로 유학을 와서 이철규 열사 사인 관련해서 전대병원에서 대학생들 활동하는 것도 보고, 전대생들 맨날 데모하고 그러는 걸 자주 봤어요. 그때는 사회 분위기가 그랬어요. 오월에 지금처럼 이렇게 금남로를 내주는 게 아니라 전경들이 다 막았으니까. 저기 광주은행 사거리 쪽, 지금 금남공원 있는 곳부터 싹 막았거든요. 아예 들어오는 것 자체를 막았죠. 데모할까 봐.

지역에서 벌어지는 일을 알리는 역할을 했었죠.

오월극을 올릴 때 일단 드는 생각은 '공연 잘해야 하겠다.'죠. 배우긴 하지만 활동가인가, 운동가인가, 예술가인가 하는 고민 지점이 있잖아요. 지금은 좀 더 예술에 방점을 두는데 옛날에는 운동에 방점을 뒀어요. 당시에는 지금처럼 SNS가 활발하거나, 언론이 잘 알려주거나 이런 게 아니고 다 막혀있었기 때문에 극을 통해서 사람들에게 알려주는 역할을 한다고 생각했어요. 지역의 민족극단들이 신명은 광주의 이야기, 극단 자갈치는 부산의 이야기, 놀이패 한라산은 제주도의 이야기. 이런 식으로 이 지역에선 이러이러한 일들이 벌어졌다고 하는 부분을 마당극을 통해 알리는 역할을 했었죠.

오월이 가지고 있는 정신이나 지향점을 같이 가지고 가는 거죠.

신명은 극회 광대에서 시작된 단체예요. 78년도에 탈춤 강습을 계기로 탈패가 만들어졌고, 그 이후로 79년도에 광대가 만들어졌어요. 그리고 80년도에 〈한씨연대기〉를 준비하다가 80년 5월이 터졌죠. 당시에 광대의 단원들이 시민수습대책위원회에 많이 들어갔어요. 분수대 사진 보면 민족민주화대성회 있잖아요. 사회도 보고, 사람들 발언시키기도 하고, 그런 걸 많이 이끌었던 사람들이죠. 시위를 문화판처럼 만드는 활동을 하다가 진압되고, 누구는 잡혀가고, 수배되고 뿔뿔이 흩어졌어요.

광대에 연극반 출신과 탈패 출신이 있어요. 연극반 출신들은 극단 토박이를 만들고, 탈패 출신들은 놀이패 신명을 만들었어요. 토박이와 신명은 광대에서 출발한 거예요.

신명이 예술단체긴 하지만 운동단체이기도 하고, 사회단체이기도 하잖아요. 단체의 정체성이 오월이기도 하고. 그런 부분에서 지역성과 함께하는 거죠. 수단으로서의 예술이라고 하는 것. 신명의 정체성이 오월이라고는 하지만 노동, 농민, 여성, 교육 이런 부분들을 다 다루고 있고 오월도 마찬가지인 거죠. '오월에서 통일로'라고 하는 부분도 있고요. 결국 오월이 가지고 있는 정신이나 지향점을 같이 가지고 가는 거죠. 그리고 지금은 오월에 관련된 직접경험자들이 점점 줄고 있어서, 작품을 통해서 사람들로 하여금 간접경험을 하게 하는 거예요. 캐릭터를 통해서 감정이입을 하게 함으로써 경험을 느끼는 것과 같은 효과를 주는 거죠. 그러면서 보는 사람들도 달라지는 거예요.

마당극 〈97일어서는 사람들〉 공연사진

시대의 광대로서의 역할

신명이 가지고 있는 형태가 굿이란 말이에요. 마당극이 아니라 마당굿이라고 하고요. 결국, 신명의 역할은 사람들의 한을 풀어주는 거예요. 무당의 역할을 자처하는 것. 굿을 해주고, 시대의 광대가 신명의 역할이지 않나. 마찬가지로 〈언젠가 봄날에〉, 〈꽃등들어 님오시면〉도 형식이 해원 상생하는 굿이잖아요. 그 마음도 결국 '사람들의 원한을 풀어줘야 한다.'라는 자세죠.

우리가 다루는 사람들은 사회에서 저명한 사람도 아니고, 소외되거나 억압받는 자에 관한 이야기에요. 마당극의 역할은 이런 사람들을 대변해 주는 거였죠. '이런 일이 벌어지고 있었고, 이렇게 진행되고 있다.'라고 하는 부분을 대변해 주는 역할을 했는데, 지금은 워낙 SNS나 이런 것이 많이 발달 돼서 개인의 목소리를 들을 수 있잖아요. 그런데도 극이란 건 사람의 감정을 다루기도 하고,

또 극적인 효과를 통해서 보여지기 때문에 바로 진실을 마주 대는 것하고는 다른 어떤 느낌이 있죠. 신명이 40년 가까이 해왔던 이런 부분들은 결국 같은 목소리를 내주는 거예요.

여전히 우리의 갈 길은 현장에 있고, 마당에서 다시 해야 하는 건데 지금은 예술이라는 영역이 되다 보니까 예전과 같지 않다고 생각되기도 해요. 그럼에도 불구하고 다시 예전의 방향을 잃지 않아야 하고, 그걸 작품을 통해 드러내야 하는 거죠.

어떻게 보면 이런 친구들이 정말 무서운 거예요.

우리나라 역사를 봤을 때 중고등학생들이 참여했던 게 많잖아요. 광주학생독립운동, 4·19혁명 등도 학생들이 참여했단 말이에요. 5·18 때도 고등학생이 많이 참여했어요. 어떻게 보면 이런 친구들이 정말 무서운 거예요. 앞뒤를 안 재잖아요. 오로지 정의. 불의를 보면 참지 못하는 이런 것들. 〈97 일어서는 사람들〉 속 고등학생 캐릭터는 이런 걸 보여주는 하나의 상징인 거예요. 그러면서 결국 마지막에 다 죽고, 살아남나 하다가 끝내는 죽거든요. 그게 관객들로 하여금 훨씬 더 짠하게 보여요. '저 어린 것도 저렇게 하는데….' 하는 생각이 들게 하죠.

산 자와 죽은 자를 연결해주는 존재

〈언젠가 봄날에〉는 행방불명자들의 이야기에요. 죽은 자들을 저승으로 인도하는 사람은 저승사자인데, 이 죽은 자들은 행방불명자잖아요. 가지도 못하고, 오지도 못하고 하는 그런 중간자적인. 저승사자는 추노처럼 이들을 쫓는 거죠. 하지만 무섭고 권위 있는 게 아니라 재미있고, 결국 이 사람들을 도와줄 수밖에 없는 캐릭터가 저승사자예요.

저승사자는 사람을 데리고 가는 게 일이고 임무인데, 사사건건 다 사정을 봐줄 수는 없잖아요. 그래도 자기의 재량권이 있으니까 이 안에서 고민하는 거예요. 행방불명자들에게도 사연이 있는데 너무 매몰차잖아요. 데리고는 가지만 저승사자 재량하에 할 수 있는걸 해주는 거죠. 결국 우리가 하려고 하는 이야기는 5월과 관련해서 여전히 행방불명 된, 찾지 못하고, 가지 못하는 사람들 이야기잖아요. 저승사자는 산 자와 죽은 자를 연결해주는 그런 존재이고, 공간을 이동시켜주는 존재이기도 하는 거죠.

마당극 〈언젠가 봄날에〉 공연사진

다양한 사람들이 함께 온 80년 5월

오월 행사가 되게 많은데, 사람들은 잘 됐나, 못 됐나는 걸 5·18전야제를 통해 판단하더라고요. 그만큼 전야제에 대한 기대도 많고, 하고 싶은 것도 많이 있는 거죠. 전야제 총감독이라는 자리가 누구나 할 수 있지만 아무나 할 수 없는 자리기도 해요. 저도 되게 어려웠어요. 전야제는 나의 예술성을 발현하는 자리가 아니라, 사람들이 드러내고자 하는 것을 잘 모아서 그 시기에 맞는 메시지로 어떻게 보여주냐고 하는 게 중요하다고 생각해요. 총감독을 맡았을 땐 '5·18은 기억의 공간이면서, 미래에 대한 다짐의 장소이기도 하다.'라고 생각해서 전야제를 준비했어요.

왜 사람들이 이날만 되면 '아, 나는 금남로에 나가야 되겠다.'라고 하는지에 대해서도 알아야 해요. 와서 위로받고 다시 한번 새기고 가는 것도 있잖아요. 전야제뿐만 아니라 망월동도 그래요. 정치인들이 뭐 하면 거기에 가서 참배하고 하는데 이런 게 결국은 자기 다짐인 거죠. 총감독을 맡았을 때가 38주년 때였어요. 정권도 새롭게 바뀌어서 끊어졌던 진상규명에 대한 부분을 다시 한번 다짐해보고, 5·18 특별법과 관련된 부분도 의지를 모아보자는 이야기를 한 거죠. 그러면서 그동안은 쭉 당사자들에 관한 이야기를 했는데 좀 더 주변인들, 조명받지 않는 사람들에 관한 이야기를 많이 하고 싶더라고요. 80년 5월 이후 증언이나 이런 것을 통해서 진상규명을 위해 애써온 사람들의 자리를 꾸준히 만들어 줌으로써 5·18이 당사자들만의 5·18이 아니라 다양한 사람들이 지금까지 함께 왔다는 부분을 이야기하고 싶었어요.

3장

각자 위치에서의 다양한 역할

김연우

주체적인 예술인 김연우

저 같은 경우 가족이다 보니까 5·18 작품을 대할 때는 남다를 수밖에 없어요. 그런 와중에도 '나는 5·18의 어쩔 수 없는 피해자, 유가족이긴 하지만 나는 예술인으로서 먼저이다.'라고 항상 생각해요. 어떻게 보면 같은 예술, 무용하는 사람들은 '5·18 하면은 김연우' 이렇게 생각하고, 춤도 5·18에 가장 크게 두드러져 있어요. 그 안의 저를 보게 되어있거든요. 근데 저는 항상 5·18 작품을 대할 때 무관한 사람으로서 그 작품을 대하고 싶어요. 이 표현이 오해가 없었으면 좋겠는데 무관한 사람으로서 이걸 대하면 대할수록 첫 번째, 나한테 오히려 더 애절하고 처절하게 다가와요. 진짜 나는 예술로써 다양한 것들을 접하고 싶은 거지, 5·18만을 위해서 춤추는 자가 아니다. **주체적인 나로서는 무용하는 예술인이다. 그렇기 때문에 나는 5·18뿐만 아니라 우리 모든 사회 속에 이슈되는 모든 문제나, 될 수 있는 모든 걸 예술인으로 대하고 싶다.** 두 번째 이유는 제가 가족으로서 이미 그 감정에 너무 취해있으면 관객들이 느낄 수 있는 어떤 아픔, 5·18에 젖어 드는 부분에 있어서 스스로 찾을 수 있는 게 적어진다는 생각이 들어요. 관객들에게 줄 수 있는 게 너무 한정되어 버려서 저 혼자 빠져있고 싶지 않은 마음이에요.

5·18과 무관하고 싶다.

춤도 춤 공연이지만 지정남 선생님과 계기가 돼서 오월극을 만났을 때가 좀 남달랐던 게, 그 전에 38주년 5·18전야제 때 제가 1부 공연에서 영매 역할을 맡았어요. 그때는 단순히 죽은 자들의 영혼을 여기 이 자리에 불러들여서 위로하는 영매 입장이었기 때문에 춤추는 자 입장에서 '위로한다.'라고 생각을 하는 익숙한 춤의 작업이었다면, 프로젝트 오월공명은 모이는 것 자체가 달랐어요. 5·18을 어떤 관점에서 바라봤냐면 '이미 알고 있는 내용, 그 익숙함에 젖어 들지 말자' 이거였어요. 뻔한 어떤 스토리에 젖어 들지 말고 자꾸 새로운 시도, 엄밀히 말하면 '역사를 그르지 않고도 우리가 다가갈 수 있는 다른 관점이 있을 거다.' 처음부터 그런 관점으로 다가갔어요. 이렇게 시도를 하는 것 자체가 신선해서 속으로 '어?' 했죠.

5·18 가족으로서도 그렇고 또 제가 무용인으로서 5·18을 대할 때도 정말 심각하고 진중할 수밖에 없었어요. 그런데 이분들은 내가 마음속으로 원했던 '5·18과 무관하고 싶다.'는 그 관점이 같았어요. 저는 방법을 몰랐지만 하는 말은 이거예요. '우리는 지금 광주에서 예술 하는 연극쟁이지만, 우리 그냥 광주사람도 아니라고 생각하자. 아예 5·18과 상관없이 우리는 떠돌아다니는 광대다. 이 지방, 저 지방에서 공연하고 그 공연을 싹으로 녹을 받고, 때론 먹을 것으로 받는 진정한 광대일 뿐이다.'. 그런 관점으로 봤을 때 속으로 진짜 반가웠어요. '어, 나도 이 오월극을 대하면서 현실은 어쩔지언정 작품을 대할 때는 5·18과 무관할 수 있겠네?'라는 기대가 있었어요. 이게 2020년 프로젝트 오월공명 2, 〈오! 그리운이여, 아득히 흘러가자!〉의 관점이었어요. 떠돌이를 하다가 어느 날 광주 공연 의뢰를 받아 5·18 내용을 다루게 되는 거죠. 그니까 저도 하나의 떠돌이로 5·18을 만나게 된 거예요. 근데 여기서 연출님께서 새로운 디렉팅을 했었어요. 내가 순수 연극배우도 아니고, 퍼포먼스 겸

무용 적인 걸로 합류하게 됐는데 연출님에게는 뭔가 하고자 하는 게 있었나 봐요. 저한테 말하지 못하는 건지, 안 하는 건지 모르는 캐릭터를 줬어요. 같은 팀 광대들도 그동안 떠돌아다니면서 같이 공연을 했지만, 나에 대해서 잘 모르는 거야. '왜인지 모르겠지만 얘는 진짜 말을 못 해' 하면서 그냥 같이 지내온 거야. 근데 나한테 어떤 사연이 있어. 이 사연은 어느 누구도 몰라. 결론적으로 그 사연은 5·18인 거야. (웃음) 그래서 '아, 역시 무관할 수 없는 거구나.'라는 생각을 했어요.

그래서 저는 지금까지 한 작업 중에서 〈오! 그리운이여, 아득히 흘러가자!〉가 제일 난제였어요. 그래도 힘든 과정에서 너무 많은 공부가 됐거든요. 앞에서 5·18과 무관하고 싶은 이유 두 가지를 이야기했잖아요. 그래도 항상 5·18 하면 어쩔 수 없이 느끼는 무거운 무게가 있어요. 춤도 다른 춤을 출 때 비해 유독 5·18 관련된 춤을 출 때 무거웠어요. 그거는 어쩔 수 없이 관련돼서라고 하지만 '내가 자유롭게 춤을 추고 무관하게 춤을 추고 싶은 이유가 뭐였을까?'. 그 물음을 오월공명과 함께하면서 했는데, 막상 생각해보니 나는 무관할래야 무관해질 수 없는 사람이야. 그 말이 그 말인 거잖아요. '그래? 무관할래야 무관해질 수 없는 사람인데 내가 왜 굳이 무관하려고 했을까?' 저는 이게 나를 짓누른 거였다는 생각이 들었고, 〈오! 그리운이여, 아득히 흘러가자!〉 주제 자체도 자유였어요. 자유와 5·18이 무슨 관계냐 하면 '오월 때 사람들이 어떤 투철한 자유와 민주주의만을 위해서 목숨을 희생한 걸까?'가 우리들의 관점이었어요. '눈앞의 내 가족, 친구, 이웃이 그렇게 하니 그걸 지키기 위해서 나도 모르게 나오는 자유에 대한 의지대로 행동하지 않았을까'가 처음부터 작업하고자 하는 주제였죠. 그러면 나도 한 사람으로서, 5·18 자녀로 태어났지만, 어찌 보면 오월에 대한 시선, 5·18 가족에 대한 시선으로 자라 왔을 건데 내가 보니까 나는 이미 자유롭게 내가 하고자 하는 대로 살고 있었던 거예요. 나 좋아하는 대로 춤추면서. 그리고 내가 무관 하고 싶다는 것처럼 '내가 내 의지대로 5·18에 대해서 이렇게 하고 싶어. 내가 단순히 아빠 딸이라서 춤추는 게 아니야.'. 다른 사람들은 절 그렇게 보거든요. 전 그게 싫은 거예요. 왜냐면 난 하나의 주체적인 사람이고, 물론 아빠의 영향이나 5·18 가족에 대한 영향도 있었겠지만 저는 아빠의 뜻도 이거였을까 생각해요. 막내딸이 5·18 자녀로 거기에 갇혀 그늘지게 지내는 걸 바라지 않았을 거예요. **저는 하나도 안 슬퍼요. 물론 내면으로 들어가거나 아빠를 생각하면 아프지만 내 인생이 그게 다일 수는 없잖아요. 그렇기 때문에 아빠한테 더 감사하고, 5·18 삼촌들 그리고 광주에 감사하고, 멋지다 생각해요.**

오월공명 때 그런 부딪힘 속에서 깨달은 게 '아, 난 무관해질 수 없어.'였어요. 무관할 수 없다는 걸 깨달은 것 자체도 나에겐 깨달음이고, 또 내가 짓눌리면서 자유롭지 못하다고 생각했는데 자유롭게 살고 있다는 걸 깨달았다는 거. 이 두 가지 지점에서 그거면 됐어요. 그래서 너무 편안해졌어요. 웃기죠. 혼자 막 대단한 것이 있을 것처럼 '이 작품을 통해 이 캐릭터를 통해 꼭 찾아야지.', '해답을 얻으리라.' 이랬거든요. 그래서 더 힘들었던 것 같아요. 근데 어느 순간 이게 부딪혀서 터짐으로써 지금 너무 자유롭게, 편하게 지내고 있어요.

김연우 무용가와 故 김영철 열사

그 시대 상황에 많이 젖어 들었던 것 같아요.

〈애꾸눈 광대-그날의 약속〉에서 영매 역할을 맡았어요. 도청을 지키던 인물들이 마지막에 총에 맞아 죽으면 그네들 한 사람 한 사람을 어르고 살려내요. 그런데 그전에는 내가 죽은 자들을 위로한다는 느낌이었다면 회를 거듭할수록 내가 위로를 받는다는 느낌을 받았어요.

이 한 사람 한 사람 살릴 때마다 왜 이렇게 내가 위로가 되고 감사한지. '왜 그럴까?' 아직은 의문에 있어요. 저는 춤을 출 때 아버지, 들불야학의 삼촌들 또는 광주를 위해서 앞장섰던 학생들, 나이 불문하고 그 모든 입장에서 춤을 춰보자는 자세로 하거든요. 내가 우리 아버지의 딸이고 5·18 가족이라서가 아니라 나라도 이 시대, 지금 이 순간에 그런 상황이 벌어진다고 하면 나의 됨됨이로 봐서도 난 절대 좌시하지 않을 것 같은 그런 마음가짐으로. 단순히 춤으로 표현된 거지만 감정적으로는 그때 그 시대 상황에 많이 젖어 들었던 것 같아요. 그때 당시 광주가 빨갱이, 간첩으로 오해받았을 때 이들이 아니었으면 어떻게 됐을까 생각하면 아찔하기도 한데 이런 감사함에, 또 안도에, 그런 부분들에 위로를 받고 있나 하는 생각이 들었어요.

몸짓이라는 덩어리를 설명하다.

제가 무용으로도, 연극으로도 예술 활동을 해봤어요. 오해가 없었으면 좋겠는데, 여기서는 '무용이 더 낫다.', '연극이 더 낫다.'라고 할 수 없잖아요. 하지만 이건 있는 것 같아요. 예술에 있어서 어떤 순위에는 뭐 악기, 노래, 연기, 대사, 그다음에 몸이다 이렇게 이야기를 많이 해요. 제가 무언가하고 싶은데 억눌린 것 같다고 했던 무게감 있잖아요. 그 뭔가 모를 감정 덩어리를 표현을 못 하고, 몸이니까 총체적으로, 덩어리로 표현할 수 있어서 들키지 않았어요. 잘 숨길 수 있고 관객이 나의 몸짓을 관객 스스로가 해석하고 느낄 수 있으면 되는 거잖아요. 그래서 나는 들키지 않으면서 나의 감정에 대해 '저 사람이 어떻구나'를 듣고 확인하면 됐어요.

제가 모른다는 뜻은 아니에요. 다만 나는 이런 느낌으로, 어떤 하나의 덩어리로 표현을 했다면 연극팀과 작업을 하는데 연극배우들은 작품 하나에 자기 캐릭터의 분석을 해가며, 심지어 대사 하나하나에도 감정과 억양이 다 다르잖아요. 나는 그것도 너무 놀랐고요, 정말 높이 샀어요. 나는 연극 하는 배우님들이 진짜 노력 많이 하고, 연구 많이 하고, 다재다능하고. 어찌 보면 즉흥으로 하는 과제를 내어줬을 때 모든 걸 다 해낼 수 있는 건 연극 하는 사람들이라고 생각을 해요. 그 정도로 보고 많이 깨달았고, 놀랐어요.

연극 작업 중에 특히 힘들었던 건, 무용으로써 덩어리로만, 몸짓으로만 했던 나한테 이 연극을 하는 이들이, 특히 연출가가 이 배우들한테처럼 똑같이 요구해요. 무슨 말이냐면 '어떤 느낌으로 그 장면에서 그 동작을 했냐.' 해버리니까. 덩어리에서 잘게 잘게 자르는 느낌. 잘게 자른 것도 놀랬지만, 언어라는 걸로 표현을 해야 하는 게 너무 힘든 거예요. 심지어는 뒤풀이나 이런 자리에서 이런 말도 했어요. '난 내가 바본 줄 알았다.'. 다들 웃었어요. 저는 제가 말을 못 하는 줄 알았어요. 뭔 말을 못 하겠는 거예요. 아니 다른 배우들은 연출님이 그때그때 마다 느끼는 감정을 물어보면 막, 말을 하는

거예요. '그럼 그 표현을 외계어로 해봐라' 하면 막 외계어로…. (웃음)

근데 부족하지만 욕심은 생기는 거예요. '아, 내가 이분들하고 계속 작업해서 조금이라도 더 한다면 옛날의 나보다는 성장하겠구나.'. 그 생각에 기어이 붙어 있었는데 그렇게 오월이 힘들었네. (웃음) 그때 연출님이 그랬어요. '춤은 몸짓으로 하는 거지만, 예술인이라면 관객들한테는 덩어리를 줄지언정, 내가 무엇을 표현하고 싶은지 나만의 언어로 표현할 수 있어야 한다.'. 이 지점이 마음에 담겼어요. 그다음부터는 어떤 몸짓의 덩어리에 '이거는 어떤 감정, 어떤 마음이다.'라는 걸 말로라도 정리해 보려고 해요.

연극 〈오! 그리운이여, 아득히 흘러가자!〉 공연사진

모든 이들이 공감할 수 있는 이야기

원래 예술인은 작품을 대할 때 '내가 무엇을 얻고, 무엇을 관객들한테 줄까'잖아요. 저는 그렇게 생각하거든요. 춤추는 사람이 단순히 춤만 추고가 아니라, 작품이란 것이 있으면 작품이 주는 주제가 있고, 메시지가 있기 때문에. 비록 몸이지만 관객들에게 전달해줄 수 있으려면 내가 먼저 얻을 수 있는 게 있어야 한다고 생각해요.

딸로서 당연히 아버지에 대한 이야기도 해보고 싶어요. 근데 이게 단순히 내 이야기, 내 아빠 이야기라서가 아니라 이 이야기가 모든 이들의 이야기가 되고, 같이 공감할 수 있는 이야기가 되면 꼭 그 이야기를 할 거예요. 그리고 지금 더 마음이 가는 건 무명열사들과 그 가족들 부분인데 이유는 단 하나. 나는 내 아버지라서 그리고 아버지의 지인들이라서 알고, 이들을 기억할 수 있잖아요. 그런데 무명열사들은 어떤 사연으로, 어떠한 마음가짐으로 그날에 희생되었고, 살아있더라도 고통당하고 있는지. 그런 이야기를 다들 잘 모를 거잖아요. **기억되지 못하나 정말 의미 있는 값진 희생을 하신 분들이 계실 거고, 그로 인한 가족들도 분명히 계실 텐데 기억해주지 못한다는 것은 살아있는 사람으로서 죄송한 일인 것 같아요.** 우리가 뭔가를 해 준다는 게 아니라 그분들의 그 부분까지도 위로가 돼서, 우리가 오히려 위로되고 감사가 됐으면 좋겠어요.

김종일

새로운 걸 배우고 나만의 영감을 표현할 수 있는 곳이 어딜까?

놀이패 신명에는 99년도에 배우로 입단했어요. 지금은 타악잽이로 활동하고 있는 제가 배우라니… 상상이 안 되죠? 제가 풍물과 사물놀이를 할 수 있는 타악분야로 진로를 고민하던 시기였던 것 같아요. 대학 다닐 때는 필봉굿만 쳤는데 '새로운 걸 배우고 나만의 영감을 표현할 수 있는 곳이 어딜까?' 하고 꽤 진지한 고민을 했죠. 하지만 전통이 없는 퓨전 음악만을 지향하는 단체, 풍물을 기능적으로만 접근하는 곳 등은 그때 당시 저의 가치관이나 음악 세계와는 안 맞았어요. 그리고 필봉농악만 쳤던 실력으로 사회에 나와 활동을 하려니, 고민만 앞서고 저만의 메리트가 없었어요. 그런데 때마침 마당극 단체에서 활동하던 대학 풍물패 선배가 놀이패 신명에서 같이 해보자고 제안을 해 온 거예요.

놀이패 신명은 마당극의 효시인 〈함평고구마〉를 시작으로 오월극인 〈일어서는 사람들〉까지, 탈춤을 기반으로 사회 전반의 문제의식을 작품에 담아 만드는 광주 유일의 마당극 창작단체예요. 그때 당시 신명 대표 작품인 〈일어서는 사람들〉을 본 적 있었던 터라 큰 거부감은 없었고, 나의 고민을 해결할 수 있겠다는 확신을 가지고 입단했어요. 전통 가·무·악을 바탕으로 창작극을 만든다는 이점과 함께 제가 잘할 수 있는 타악을 활용할 기대에 부풀었죠.

마당극은 관객들과 함께 울고 웃으며 호흡하고, 그때그때 현장성에 따라 작품이 달라진다는 묘한 매력이 가장 큰 장점이라고 생각해요. 그런 이유로 지금까지 마당극 악사로 신명과 함께 하고있는 것 같아요.

가장 신경 쓰는 부분은 작품의 전체적인 조화예요.

작품을 창작하는 초기에는 연출님이 먼저 작품의 전반적인 분위기나 느낌을 이야기해 줘요. 마당극 악사는 그런 연출의 의사를 반영하여 장면에 어울릴만한 타악기를 선정하고, 리듬을 구상하죠. 가장 신경 쓰는 부분은 작품의 전체적인 조화예요. 어떤 타악기로 어떻게 연주하느냐에 따라 작품의 분위기가 달라지거든요. 긴장감 있는 분위기에는 박진감 있는 가락이 나오고, 서정적인 작품에는 색다른 분위기를 연출할 수 있는 악기를 찾게 되죠.

준비한 기본리듬으로 연습을 하면서 상의가 필요한 부분은 배우들과 소통을 하고 작품에 맞는 곡으로 만들어가는 게 음악 연출의 방식이에요. **처음부터 리듬을 정하기보다는 배우들의 움직임을 보면서 현장에서 만들며 계속 찾아가기도 해요. 배우들을 보며 영감을 받아 표현하면 그 장단에 맞춰 움직임이 나오고 호흡이 맞아가죠.** 그럴 때 추임새가 절로 나오면서 몸동작 하나하나 효과음이 추가되고, 악과 몸의 조화가 맞아떨어질 때 연행자도 관객도 마당극의 재미에 빠지고 효과가 배가 되는 거예요. 어떻게 하면 관객의 호응을 끌어낼 수 있을지 고민하고, 재미있는 대사의 효과를 극대화하기 위해 음악을 적재적소에 넣어보며 극을 풍성하게 만들어가는 거죠.

악과 몸의 조화가 맞아떨어질 때

신명의 많은 작품이 배우와 악사가 필요하고 각자 다른 의미로 중요하지만, 〈97 일어서는 사람들〉의 경우 악사의 비중이 크고

마당극 〈97 일어서는 사람들〉 공연사진

작품의 완성도를 결정짓는 가장 중요한 역할을 해요. 우리나라 전통 사물악기와 태평소가 들어가는 정통 마당극 형식의 악기 구성을 하고 있는 오월굿이죠.

〈97 일어서는 사람들〉에서 저는 꽹과리로 악을 리드하는 상쇠가 되어 함께 했어요. 작품 막바지에 주인공인 곰배팔이와 꼽추가 나와 천으로 죽은 영혼들을 천천히 감싸며 무덤을 만들고, 넋을 위로하는 장면이 있어요. 이때부터 굿거리로 장단을 천천히 연주하며 에너지를 끌어올리기 시작해요. 오월영령들은 두 사람의 따뜻한 손길에 위로를 받아 조금씩 무덤에서 나오고, 악사들은 넋이 좋은 곳으로 가길 바라며 혼신의 힘으로 장단을 끌어올려 발산시켜요. 다시 힘찬 북을 치며 신명을 올려 마지막 남은 한을 해소할 때까지 악사들의 연주는 계속되는 거죠. 이 모든 것을 사물악기로 표현해요.

가장 기억에 남는 일본 순회공연

일본 도카세이라는 극단의 초청을 받아서 한 달 동안 〈97 일어서는 사람들〉 일본 순회공연을 갔다 온 적이 있어요. 도쿄를 시작으로 교토, 오사카 등을 돌고 마지막 공연은 다시 도쿄에서 끝내는 일정이었죠.

그때가 한여름 8월, 실내도 있었지만 대부분 야외에서 진행되는 빡빡한 일정이었어요. 물론 재미도 있었지만, 일본 전역을 돌며 긴 거리를 오갔던 힘든 여정이었어요. 마지막 도쿄 공연 때 일본이 40도 이상까지 올라갔던 것 같아요. 여름밤에 도쿄 노심, 빌딩 숲에 있는 공터에서 공연이 진행됐는데, 건물들에 둘러싸여서

에어컨 실외기의 뜨거운 열기와 높은 온도, 습도는 누가 쓰러져도 이상하지 않을 상황이었죠. 앉아있는 악사도 힘들었는데 짝돌춘부터 총춤까지, 5·18 10일간의 항쟁을 춤으로 표현하는 배우들은 얼마나 힘들었겠어요. 그때는 좀 젊었나 봐요. 지금 생각하면 어떻게 했을까 싶죠. 그 마지막 도쿄, 그게 제일 떠오르거든요. 힘들 줄 모르고 갔다가 힘들게 끝내고 돌아온…. 그래도 일본 한 달이 갈 때의 설레임과 함께 힘들지만 재밌기도 했던, 가장 기억에 남는 공연이며 추억이 되었어요.

고수의 역할이 마당극 악사의 역할일 수도 있겠다.

창극에는 기악이 들어오긴 하지만 판소리 공연은 다른 기악 없이 유일하게 북만 있어요. 소리꾼과 고수는 각자의 역할이 있죠. 소리꾼이 소리를 할 때, 유일하게 장단을 잡아주는 사람이 고수예요. 고수는 소리꾼이 소리를 하면 장단도 맞춰주고, 흥을 북돋을 수 있게 추임새도 넣어주며, 힘들면 좀 쉬어가라고 물도 한 잔 주며 뒷치배의 역할까지 병행하거든요. 판소리 완창이 길게는 아홉 시간, 열 시간 진행되다 보니 옆에 소반을 놓고 '아이고 힘들면 막걸리 한잔하고 하지~'하며 잠깐의 여유를 만들어주고, '아이 추임새 좀 하시오, 소리꾼 힘든디.'하고 관객과도 소통하며 분위기를 이끄는 역할을 하는 거죠. 더불어 소리꾼이 힘들 때, 혹은 박자가 빨리 갔을 때 다시 잡아주기도 하고, 박자가 너무 느리면 북으로 땡겨 주기도 하는 등 지휘자의 역할을 해요. 그런 역할을 다 할 수 있어야 진정한 참 고수가 될 수 있어요.

마당극 〈언젠가 봄날에〉 공연사진

제 생각에 이 고수의 역할이 마당극 악사의 역할일 수도 있겠다 싶어요. 마찬가지로 악사들도 마당극에서 장단만 치는 게 아니라 배우가 어떻게 움직이고 있는지, 오늘 컨디션은 어떤지, 소리를 할 때 너무 빨리 가는지 늦게 가는지 주시하며 배우와 하나가 되기 위해 악기로 소통하죠. 너무 빨리 갈 때 천천히 잡아준다고 속도를 바로 늦추면 호흡을 맞추기가 어렵거든요. 그래서 악사의 악기가 기준이 되어 장단을 잡아주고 리드하는 역할을 하는 거죠. 그렇기 때문에 악사는 공연이 시작하고 끝날 때까지 등·퇴장 없이 마당판 또는 공연장 한쪽에 앉아 무대를 계속 주시하며 공연을 이어가요. **처음부터 극 끝날 때까지 이 판의 전체 큰 흐름을 보고 있어야 해요. 관객의 반응이 어떤지, 극의 흐름은 연습한 대로 잘 진행되고 있는지, 혹시 관객 중에 방해하는 사람은 없는지. 스텝이 없을 때는 악사가 해야 할 수도 있거든요.**

제가 맡은 역할은 리더자로 악을 이끌다 보니 마이크가 안 나오거나, 크거나 작으면 음향석과 소통하며 컨트롤을 해요. 제가 공연 중에 계속 음향석을 주시하는 이유 중 하나죠. 악사의 소리와 배우의 소리가 레벨이 맞아야 관객이 듣기에 편한 공연이 되거든요. 요즘에는 마이크를 쓰다 보니 악사의 악기가 너무 커도 안 되고, 너무 적어도 안 되니 세심하게 밸런스를 맞추는 게 중요하게 된 거죠. 마이크를 쓰지 않고 육성으로 하던 시대에는 큰 문제가 없었는데, 마이크를 사용하면서 음향이 제일 중요하게 되어버렸다는 아이러니도 있어요. 그래도 현장에서 최고의 공연으로 관객을 만나기 위해 악사의 역할을 더 잘 수행하려 노력하고 있어요.

미 방
(부산미문화원 방화사건)
토박이공동구성
박효선 연출
일시 : 89. 4.11 ▶ 4.23
평일 : 6시
토·일요일 : 4시,6시 30분
공연문의 : 526-3630
토박이 공동구성
광주 YWCA
1988. 4. 16
4시 30분
서울

박정운

80년 5월은 연기를 해나가는 데도 아주 중요한 계기였죠.

저는 극단 토박이를 알고 오월을 알게 됐어요. 〈금희의 오월〉을 할 때도 '연기를 한다.'에 의의를 두고 시작을 했었죠. 대학교에 다닐 당시에 터미널에서 오월 관련된 비디오를 몰래 보여주는 걸 본 적이 있어요. 그걸 보고 나서 '정말 이랬을까?'라는 생각을 했었고, 오월을 잊어버리고 살다가 연극을 시작하면서 광주 오월의 인물을 〈금희의 오월〉에서 만나기 시작했어요. 시민군도 됐다가, 군인도 됐다가. 그래서 오월이라는 게 처음에는 민주화운동 그런 개념보다는 '왜 사람이 이유 없이 죽어야 하는가.', '누군가에 의해서 죽임을 당한다는 건 정말 너무 억울하고 불공평하다.' 또 '사람이 사람을 죽일 수 있는 이런 권한을 누가 주었는가.'. 너무 아픈 거죠. 다른 걸 떠나서 생명이 사라진다는 건 아픈 거잖아요. 그래서 광주시민들이 무참히, 잔혹하게 살해됐다는 부분에 대해서 너무나 마음이 아팠어요. 거기에서 '그러면 나는 오월작품을 하는 데에 시민군으로서 어떤 마음을 가져야 하는가.'. 처음엔 잘 안 되죠, 연기 초보가. 그래서 진짜로 많이 힘들었던 것 같아요. '왜 그 인물을 내가 생각하는 그대로 표현하지 못하는가.'에 대해서 고민하고, 제가 욱하는 성질이 좀 있는가 봐요. 하다가 너무 안 되니까 막 화가 나서 옥상에서 소리를 지르기도 하고, 평소에 길거리에 다니면서 계속, 다른 사람들이 보면 이상한 사람으로 보일 정도로 계속 대사를 외우고. 수십 번의 대사를 치면서 계속 인물을 만나는 거죠. 그래서 그 인물이 왜 이런 아픔과 상황에 처해 있는지 생각하다 보니까 이제 오월을 공부해야 하고, 알 수밖에 없잖아요. 당시에 상황이 어땠기에 이 사람들이 총을 들 수밖에 없었는지, 싸울 수밖에 없었는지.

지금은 그걸 공동체니, 민주화니 이렇게 정의를 하지만 제 개인적인 생각으로는 이웃이, 또 같이 있는 시민 누군가가 이유 없이, 그것도 군인들한테 죽었다면 분개했을 것 같아요. 분노하고 그게 저항으로 이어진 거고. 아무튼 그런 상황을 계속 배우로서 접근하다 보니까 지금 2020년에 사는 제가 그 당시에 살았던 사람처럼, 사실 제가 그때는 초등학생이었으니까 뭔 생각이 있었겠어요. 근데 하도 오월작품을 하다 보니까 나 스스로가 순간 80년 당시에 싸웠던 사람으로 착각할 때도 있어요. 그래서 지금 보면 80년 5월은 연기를 해나가는 데도 아주 중요한 계기였죠. 이게 사회운동 이런 개념을 넘어서서 그냥 '대한민국 사회가 정말 서로를 사랑하는 사회가 됐으면 좋겠다.'. 그니까 오월을 알고, 그 전의 역사를 다시 공부하고, 그러다 보니까 제주 4·3사건까지 간 거죠. 유적지 가서 진짜 많이 울었어요. 왜 이 사람들이 권력을 잡은 사람들에 의해 그들과 생각이 다르다고 그렇게 무참하게 죽어야 하는지. 그것도 어린아이부터 시작해서 노인까지 다. 너무 잔혹한 거죠. 더 전의 역사로 가보면 또 그렇고. 사상이라는 문제 때문에 죽인다는 건 용서가 안 되는 것 같아요. 개인적으로 최소한의 폭력도 가해서는 안 되는 거라고 생각해요. 그렇다고 제가 아주 인간적으로 평화적인 사람은 아니에요. 다만 어떤 사회에서, 이렇게 국가에서 죽인다는 건 정말 잔혹한 일이죠. 있어서는 안 되고. 이런 생각을 가지며 지금까지 하고 있습니다.

창작의 연장

원래는 배우가 목적이었어요. 그러니까 연기를 하고 싶었어요. 연기하려고 왔으니까 연기만 잘하면 되겠다고 생각을 했어요. 그런데 처음에 글을 쓰게 된 게, 토박이에는 워크숍이 있어요. 워크숍을 통해서 작가라든지, 연출이라든지를 겨울, 여름 나눠서 공부했어요. 연기 공부를 하고, 극작 공부를 하고 희곡 대본 낭독도 하고. 토박이는 작품을 제작할 때 창작극을 우선시하고 있는데 창작을 하려면 작품을 쓸 줄 알아야 하니까 작품을 써 보는 거죠. 근데 이제 저는 글하고 관련 있는 사람이라고 전혀 생각하지 않았어요. 지금도 그래요. 저는 저 스스로가 창작자라고 생각을 하지, 작가라고 생각하지 않아요. 근데 토박이는 여러 사람이 쓰든, 혼자서 쓰든 작품을 쓰는 단체거든요. 그래서 작품을 하게 되면 어떤 주제와 모티브를 정해서 써오라고 해요. 처음에 글을 써서 가잖아요. 그러면 정말 창피해요. 나의 수준이 보여요. 남들 앞에서 옷 다 벗고 있는 느낌? 내가 쓰는 단어, 말투, 전달하고자 하는 주제나 메시지가 보이는데 생각이 얕을 때 너무 창피한 거예요. 그래서 그때 글을 한 10년 넘게 썼는데도 한 번도 뭘 해본 적이 없는 것 같아요. 계속 쓰라고 해서 써서 냈고, 글에 대해서 평가는 받았지만 한 번도 이걸 작품으로 하진 않았던 거죠.

그 와중에 계속 시나리오, 희곡을 쓰는 방법을 공부했어요. 따로 뭐 대학원을 간다는 생각보다는 시나리오 극작법, 플롯 구성 이런 책들을 사서 계속 혼자 공부한 거죠. '왜 안 되는가.' 또는 '어떤 방법으로 써야 하는가.'. 비극, 희극 막 공부를 하는데 어쨌든 글을 쓴다는 건 제가 생각하고 있는 또는 제가 앞으로 추구할 방향에 관해

쓸 수밖에 없는 것 같아요. 그게 누가 쓰든 간에 그 사람의 생각이 보인다는 거. 지금도 작품을 쓸 때마다 잘 쓰진 않아요. 막 멋진 미사여구나 단어를 쓰지 않거든요? 그걸 못해서가 아니라, **작품은 현실에서 우리하고 같이 지금을 살아야 하기 때문에 현실적인 언어나 생각을 계속 대입하는 거죠. 그러다 보니까 화려한 미사여구보다는 직접적이고 관객들에게 바로바로 전달될 수 있는 단어들로 선택하는 거예요.**

박효선 선배님이 써놓은 〈금희의 오월〉이라든지 〈모란꽃〉, 〈청실홍실〉 등을 읽어보면 글을 쓰는 작가라는 생각이 많이 들죠. 그렇지만 선배님이 갖고 계신 언어나 이런 게 저와 다르니까. 저는 제가 작가보다는 연출 쪽이 더 비중이 높지 않을까 생각을 해요. 왜냐면 글을 쓸 때도 무대에서 어떻게 만들 것인지, 어떤 말을 했을 때 관객들이 재미있게 느낄 것인지 계속 고민하다 보니까. 또 제가 미술이나 건축 분야에도 관심이 많은데, 건축도 기초가 있듯이 연극도 처음에 대본을 쓰고 플롯을 짤 때 기초는 무엇인지, 모티브는 무엇인지, 나는 어떤 작품을 만들 것인지를 계속 고민하는 거죠.

그때 당시의 아름다웠던 것들

광주 오월을 이야기하는데 현재 시점에서 사람들한테 어떻게 알릴 것인가. 여러 가지 방식이 있겠죠. 회상의 플롯을 선택해서 쓴 작품들이 있는데, 과거를 만나려면 지금 누군가가 있고, 과거에 참여했던 사람을 통해 이야기를 보고 알아야 하기 때문이에요. 80년 그때로 시작할 수도 있죠. 근데 그러다 보면 현재 우리는 어떻게 할 것인지에 대한 문제가 있어요. 제 방식이 좀 그런 것 같아요. 현재의 이야기를 보여주고, 과거로 안내해서 같이 다녀온 후 고민해보는 거죠. 그래서 지금은 그 회상이나 오버랩 이런 것들을 많이 쓰는 것 같아요. 모르죠, 이후에는 어떤 방식으로 관객과 만날 것인지. 지금은 역사 자체에 따뜻함도 있지만 무겁고, 아프고, 잔혹하고 그런 게 더 컸던 것 같아요. 근데 계속 변화되고 있잖아요. 퇴색된다는 게 아니라 그때 당시의 아름다웠던 것들을 계속해서 만들고 보여주는 게 우리가 해야 할 일이지 않을까. 그전에는 오월을 이야기할 때 잔혹함을 많이 보여줬을 수도 있지만, 지금은 그런 걸 싫어하니까. 그걸 회피하거나 다른 방식으로 할 수도 있지만 그래도 때론 잔혹함도 알아야 아름다움도 알 수 있잖아요. 그래서 그런 것들을 교차해서 잘 보면 좋겠다는 생각이 듭니다.

연극 〈오! 금남식당〉 공연사진

80년 5월과 현재를 잇는 방법

작품에서는 현재가 중요하기 때문에 현재 쓰이는 노래나 글 같은 것들도 중요하게 작용을 해요. 작가로서 제가 봤던 것들, 과거의 자료, 사진들 이런 것들을 계속 고민을 하죠. 〈오! 금남식당〉은 모티브가 주먹밥이에요. '주먹밥이 어떻게 만들어졌는가?' 하고 주먹밥을 계속 고민을 해요. 주먹밥을 관객들에게 어떻게 전달할 것인지, 어떻게 해야 현재의 사람들이 작품을 쉽게 바라볼 수 있을지 고민을 하다 보니까 요즘 많이 하는 먹방이라든지, 유명한 난타도 있고. 난타는 요리와 리듬으로 표현하지만 우리는 퍼포먼스를 하는데도 허구가 있고, 완전 전문가 같지도 않으면서 코믹한 요소를 넣었어요.

음식 중에 화려한 음식들도 많죠. 근데 '80년 당시에는 화려한 음식이 아니라 작은 주먹밥 하나가 광주 시민들에게 힘을 줬다.'라는 의미가 있는 거죠. 그것을 모티브로 잡고 계속 고민을 하다 보니까 요리 경연, 퍼포먼스 이런 것들을 하면서 작품하고 연결을 시켰어요. 주인공은 오금남이라는 한 여자고, 이 여자가 겪은 역사적인 아픈 사건들과 희망을 봤던 사건들을 보고 이 작품을 만들어 낸 거죠.

〈나와라 오바!〉도 제가 썼는데 사실 어떤 측면에서 보면 노래에요. 저는 무교인데 뮤지컬 〈지저스 크라이스트 슈퍼스타〉에 '겟세마네'라는 노래가 있어요. 그 노래가 예수님이 돌아가시기 직전에 불렀던 노래잖아요. 근데 이 멜로디가 너무 좋은 거예요. 오월극에서 쓰고 싶은데 종교적 이유로 할 수 없는 거고, 그 멜로디는 계속 머리에 있었죠. 마지막 엔딩에 '힘을 주소서'의 모티브가 '겟세마네'에요. 음악 작곡하는 기춘희씨한테 '가사는 내가

다 써줄 테니까 '겟세마네' 풍의 노래를 했으면 좋겠다.'. 그래서 가사는 다 쓰고 이런 형식으로 해 달라고 했더니 자기도 충분히 이해했고, 편곡하면서도 조금씩 바꿔서 한 거죠. 〈나와라 오바!〉 같은 경우에도 과거의 이야기에요. 옛날로 보면 무전, SOS같이 아날로그적인 감성이죠. 예를 들자면 복고 트렌드를 가지고 온 거죠. 우리 막 충장축제에서 교복 입고, 교련복 입고 할 때 보면 그다지 추억처럼 생각을 많이 하진 않지만 그래도 복고라는 게 가지고 있는 건 역사잖아요. 그래서 복고라는 그 풍을 가지고 와서 작품을 만들었죠. 또 시장이라는 부분도 '어떻게 하면 이 작품을 서민적으로 만들 것인가.' 해서 시장도 가지고 온 거고. 이 작품은 허구임에도 불구하고 오월 장면의 모든 부분은 그대로를 표현한 거죠.

시대를 이야기하는 노래

〈오! 금남식당〉 같은 경우에는 우리가 알고 있는 노래를 썼어요. 코믹적이면서도 흔히 알고 있는 노래. 한국적인 노래만 쓰는 게 아니라 다양하게 쓰고 있어요. 어떤 음악은 찰리 채플린의 음악을 따와서 코믹하게. 왜냐면 거기는 풍자가 들어가 있으니까요. 그리고 80년대의 노래들을 배경음악으로 많이 썼죠. 〈나와라 오바!〉같은 경우는 '힘을 주소서'랑 뒤에 합창곡 두 개 빼고는 다 진짜 80년에 불렀던 노래들. 그래서 80년 장면은 노래로 시작해서 노래로 끝나고 대사가 한두 마디밖에 없어요. 컨셉을 이렇게 잡았어요. 그리고 〈나와라 오바!〉 극 자체가 시장 사람들이 합창대회를 나가는 거기 때문에 전반적인 컨셉 자체가 노래에 치중이 되어 있어요. 말했듯이

연극 〈나와라 오바!〉 공연사진

복고도 들어가고 하지만 전반적으로는 80년 5월의 노래와 지금의 사람들이 부르는 노래들. 또 앞으로는 어떤 노래를 불러야 할 것인지를 담았어요.

민중가요가 자꾸 사라져 가는 것에 대해서 이야기를 하고 싶은데 아직도 약한 것 같아요. 민중가수가 직접 등장하면 좋겠다고 생각했었는데, 그 부분도 계속 놓지 않고 고민하고 있어요. 민중가요가 '임을 위한 행진곡'도 있고, 몇 년 전 촛불 때 몇 개 히트 치기는 했지만, 요즘은 잘 안 부르잖아요. 유행이 있고 변화가 있듯이 그런 가요들이 좀 많이 나왔으면 좋겠다. 민중가요도 좀 재밌고 풍자적으로 만들어서 많이 불렸으면 좋겠다는 생각이 들어요.

오월극은 계속 우리가 해야 할 일 같아요.

오월극을 계속하고 있는 건 토박이가 기본적으로 박효선 선배님이 계셨고, 80년 5월에 대해서 놓지 않고 가고 있는 단체이기 때문이죠. 환경이라든지 청소년 문제를 다룬 극들도 했지만, 주제에 대해 항상 고민하고 있어요. 특히나 오월 공연은 광주 토박이에서는 놓을 수 없는 부분이에요. 아직은 해결되지 않은 것들이 많으니까. 창작할 때 극단에서 함께 주제를 정하는데, 한 1, 2년 오월극을 안 하고 있다 보면 뭔가 우리가 일을 안 하고 있는 느낌? 그런 생각이 들어요. 또 오월극만 막 하다 보면 순간 '너무 역사적인 것만 하지 않나.' 하는 생각이 들기도 해요. 그런데 '다른 걸 좀 써볼까?' 해도 왠지 모르게 흥미가 덜해요.

요즘 일상을 사는 우리에게는 그다지 큰 사건이 많이 없잖아요. 그런데 80년 5월은 역사적으로 큰 사건이잖아요. 광주 오월도 그때 10일간의 삶에 대한 이야기에요. 제 생각으로 오월극은 계속 우리가 해야 할 일 같아요. 책임도 따르고 의무감도 들고 그래요.

4장

예술로 만난 세상

김혜선

다른 방향으로 발을 내딛게 된 계기

고등학교 때 연극부 활동을 했었는데 그땐 미래에 연극 일을 할 생각은 전혀 없었던 것 같아요. 그러다 전남대학교에 들어와서 우연히 탈패라는 동아리에 가입했어요. 탈패는 탈춤 추는 동아린데, 거기가 대대로 놀이패 신명 선배님들하고 연이 있던 곳이었어요. 근데 5월에 선배들이 무슨 공연을 보러 가자고 하더라고요. 그래서 '그게 뭐지?' 이러면서 갔는데 무슨 극장도 아니고, 제1학생회관 앞에 이렇게 주차공간같이 굽이 들어간 야외 공간이 있는데 아무도 없었어요. 카페트가 깔려 있고, 관객은 아무도 없고, 음향설치 같은 거 되어있고. '뭐 이런 데서 공연을 해.' 이렇게 생각했는데 선배들이 바닥에 앉으라는 거예요. 한낮에 12시인가 1시인가. 뭐 하는지도 모르고 '도대체 이게 무슨 공연이라고?' 이러면서 일단 앉았어요. 마당극이란 장르에 대해서는 선배들한테 배워서 그런 걸 한다고는 알고 있었지만, 전혀 모르고 있었죠. 그때 본 공연이 〈97일어서는 사람들〉이에요. 저는 그때 마당극이라는 장르를 처음 접했어요. 그걸 보고 너무 되게 쇼킹했달까? 저한테는 되게 센세이션 했던 것 같아요. 전대 후문에서 관객들 한 3, 40명? 그때 그 뙤약볕, 아무도 없던 공연장에 공연이 시작되니까 굉장히 많은 학생이 앉아서 봤거든요. 그런 것도 너무 기억에 남고, 소품이나 뭐 그런 거 없이 천으로 모든 걸 리얼하게 표현하는 것도 너무 충격적이었고. 중간에 막 맞아 죽고, 영령춤 추고, 북춤 추는 것도 제가 봤을 때 너무 획기적이었어요. 무엇보다 5·18을 주제로 이렇게 만들었다는 거에 깜짝 놀랐죠. '어떻게 5·18을 가지고 이렇게 할 수 있을까.' 이런 생각이 들었던 거예요. 나중에 신명 들어오고 나서 '내가 왜 신명에 들어오게 됐을까?' 생각해 본 결과 그때의 이미지가 저에게 굉장히 강렬하게 남았던 것 같아요. **그때 공연을 본 게 내 인생의 갈림길이지 되지 않았나. 그때 야외에서 마당극을 보고 '아 공연에 이런 양식도 있구나, 이런 힘이 있구나.' 이런 걸 느꼈던 것 같아요.** 이렇게 가던 방향에서 틀어지게 된, 다른 방향으로 발을 내딛게 된 계기 같아요.

대사도 한마디밖에 없었는데 되게 좋았던 기억이 나요.

〈97 일어서는 사람들〉은 저에게 아직도 신명 작품에서 넘버원을 지키고 있는 작품이에요. 신명에 입단했는데 〈97 일어서는 사람들〉이 너무 하고 싶은 거예요. 2004년도에는 멤버들이 많지 않아서 목포 극단 갯돌 선배님들하고 연합공연을 했어요. 우리가 갯돌 작품을 하나 하고, 갯돌이 우리 작품 결합해서 하나 하고. 그게 〈97 일어서는 사람들〉이었는데, 바쁘잖아요. 멤버는 다 구성이 되어 있는데 새로운 후배가 들어온 거니까. 춤을 배워야 하는데 너무 바빠서 가르쳐 줄 시간이 없어서 선배들이 그랬어요. "너는 올해는 빠져있고, 내년부터 하자." 그래서 너무 서운했던 기억이 나요. 그래서 이제 선배님들 연습할 때 그냥 옆에서 따라 하고 이러기만 했거든요. 그리고 현장에서는 스탭으로 활동하고. 그러다 다음 해에 제가 결혼을 했을 거예요. 근데 이제 신혼여행 기간하고 공연 기간하고 겹친 거죠. 예를 들어 3박 4일이면 4일째, 돌아오는 날 공연이 있었어요. 그러니까 선배님들이 "혜선아 어떡하냐. 너는 올해도…." 그래서 제가 "아니라고, 제주도에서 하루 일찍 오겠다고.' 그래서 하루 일찍 와서 어떻게든 했어요. 그땐 대사도 '우리도 우리를 지킵시다!' 한마디밖에 없었는데 되게 좋았던 기억이 나요. 그냥 '내가 이 작품을 해서 너무 좋다.' 이런 생각이 있었던 것 같아요.

미안하기도 하고 고맙기도 하고 그랬어요.

〈언젠가 봄날에〉는 2010년도에 처음 공연됐는데, 그 전해부터 '우리 5·18 작품을 만들자. 그럼 뭐로 만들까. 실종자, 행방불명자 얘기를 다뤘으면 좋겠다.'. 그러면서 행방불명자가 이런 스토리를 가지고 있을 것이다. 수혈하다 나와서 총을 맞고 끌려갔다거나 이런 식으로 막 스토리를 만들어본 거죠. 상상으로 '이 사람들은 그러면 어디 있을까. 아마 한 곳에 이렇게 모여서 야산에 묻혔지 않을까?', 뭐 '택시 운전사였는데 애를 태워주다 같이 봉변을 당하지 않았을까?'. 작품화되지는 않았지만, 우리가 만든 왜 행방불명자가 되었을까, 어디에서 행방불명자가 됐을까, 어떤 식으로 행방불명자가 됐을까. 이렇게 귀신들의 스토리를 만들고, 그걸 연결해주는

마당극 〈언젠가 봄날에〉 공연사진

저승사자 역할도 만들었어요. 그래서 전년도에 막 이런 얘기를 하고 그다음 해에 대본이 어느 정도 나와서 연초부터 연습했던 것 같아요. 지금은 귀신이 세 명인데 원래 네 명이 있었거든요. 할머니 귀신이 있어서 귀신들이 싸우면 중재도 해주고, 너스레도 떨고 그런 역할이었어요. 그런데 시연회를 삼 주 남기고 임신 사실을 알게 돼서 결국 빠지게 됐어요. 본의 아니게 민폐를 끼쳤죠. 그리고 시연회를 보러 갔었는데, 그런 상황 속에서 어떻게든 귀신 세 명이 합을 잘 맞춰서 고군분투를 하고 있는걸 보면서 미안하기도 하고 고맙기도 하고 그랬어요. 안타깝죠. 〈언젠가 봄날에〉 하면 그게 먼저 생각나요, 민폐. (웃음)

그 장면을 보면서 사람들이 5·18과 4·16을 같이 떠올리게 된 거예요.

개인적으로 〈언젠가 봄날에〉에서 백미라고 생각하는 부분이 여고생 귀신인 정옥이랑 정옥이 엄마가 만나는 장면이거든요. 극본에서부터 '아 이 장면은 소름 끼치겠다.' 생각했는데 나중에 제가 정옥이 엄마 역을 맡게 된 거예요.

4·16 세월호 참사가 터지기 전까지는 정옥이라는 인물의 이미지가 희생, 행방불명자 중의 한 명이었는데, 세월호 이후에는 보는 사람들이 느끼기에 일맥상통하는 부분들이 생겨버렸어요. 세월호의 상황이랑 너무 맞아떨어져 버리게 된 거죠. 그래서 항상 하면서 조심스럽기도 했고, 부담스럽기도 했죠. 여고생이라는 이미지, 여고생을 기다리는 엄마라는 이미지가, 음…. 사회적인 사건으로 그런 부분들이 달라지면서 〈언젠가 봄날에〉라는 작품이

좀 더 조명받게 된 것 같아요. 그 장면을 보면서 사람들이 5·18과 4·16을 같이 떠올리게 된 거예요. 어떨 때는 무섭다는 생각이 들었어요. 어쩜 이렇게 그때와 지금이 똑같을까. 관객들도 그런 지점을 받아들이는 것 같더라고요.

정말 연습이 많이 필요한 건 탈 쓰는 판인 것 같아요.

탈춤뿐만 아니라 마당극에서 추는 춤들이 그냥 동작만 해서 되는 건 아니에요. 어떤 움직임이나, 역동성이 나와야 하는데 여기선 이 동작 하고 저기선 이 동작 한다고 해서는 나오지 않아요. 그래서 그런 연습을 좀 더 해야 하고, 탈춤을 배워야 하고, 좀 더 노력해야 하지 않을까? 저는 그런 생각을 되게 많이 해요. '처음 만들어졌을 때 이런 의미로 만들었던 걸 잊지 말아야 한다.'. 작품이라는 게 해가 갈수록 더 좋아져야 하지만 그렇지 않다면 초심이라도 잃지 말아야 한다는 게 저의 어떤 냉혹한 평가예요. 스스로한테도 그렇고요.

탈이라는 게, 어떤 탈을 선택하느냐도 중요하고, 탈 연기를 해야 한다는 부담감도 있어요. 특히 〈언젠가 봄날에〉의 경우에는 마지막 장면에서 뛰어서 대형을 만들어야 해요. 탈 연기를 하면서 자리도 잘 잡아야 하는 거죠. 그래서 항상 고민이 돼요. 두 파로 나뉘어 있는데 저 같은 경우는 '탈을 쓰지 않고 현장에서 자리를 잘 잡아야 한다.'파, 두 번째 파는 '탈을 쓰고 연습을 해야 한다.'파. 그런데 탈을 쓰고 연습을 하면 자리를 못 잡겠고, 탈을 안 쓰고 연습을 하면 나중에 탈을 쓰고 자리를 못 잡는 거죠.

그럼에도 불구하고 어떻게 찾아가죠. 딱 자리에 서서 고개를

마당극 〈언젠가 봄날에〉 공연사진

돌렸는데 앞사람 뒤통수가 보이면 '아, 내가 틀리게 섰구나.' 하고 이 사람을 피해서 고개를 내미는 거예요. 가다 막 부딪히기도 해요. (웃음) 그니까 현장에 가서 정말 연습이 많이 필요한 건 탈 쓰는 판인 것 같아요. 그런 게 어려운데 어찌 됐든 매력은 있는 것 같아요. 관객들에게도 탈이 딱 보여지는 게 있잖아요.

10일간의 일이 인생에 너무 많은 흔적을 남겼구나.

제가 개인적으로 하고 싶은 건 지금의 상황을 그리는 거예요. 프로젝트 오월공명을 하면서 많이 느꼈거든요. 그때 당시에 민주화운동으로써의 그런 영웅적인, 대단한 광주의 시민들이라는 표상만 되게 컸던 것 같아요. 그니까 저도 그렇게 생각을 하고 있더라고요. 근데 지금은 40년이 지났고, 그때 20대였던 사람은 지금 60대가 됐고. '죽었든 살았든 그 10일간의 일이 인생에 너무 많은 흔적을 남겼구나.'라는 생각을 해요. 그래서 그런 것에 관해 이야기하고 싶은 생각이 좀 있죠.

그리고 예전에 5·18과 관련된 개인적인 상들이 의외로 되게 많다는 걸 느낀 적이 있어요. 5월이 너무 바쁘잖아요. 딸이 가정어린이집 다닐 때였을 거예요. 6시에 퇴근할 수가 없어서 중간에 어린이집 끝나면 딸 챙기고 다시 저녁 연습하러 들어가야 했어요. 이런 게 계속 반복되니까 좀 지쳐 있었어요. 아이를 마중 나갔다가 어린이집 선생님과 잠깐 마주쳤는데 그분은 제가 이런 일 하는 거 아니까 "아 5월이라 바쁘시겠어요." 하시더라고요. 제가 "전야제도 해야 하고 공연도 너무 많고 너무 정신이 없어요." 했는데 그 선생님이 제 손을 딱 잡으면서 "그래도 정말 좋은 일 하신다.", "저희 언니도 그때 돌아가셨는데. 그래도 이런 일 해주시는 분들이 있어서 좋다."고 말씀하시는 거예요. 정말 뒤통수를 딱 맞은 느낌이었어요. 그런 식으로 우리 주변에 알게 모르게 관계된 사람이 얼마나 많겠어요. 가족 중의 한 명은, 사돈에 팔촌에 한 명이면 명절에 모여서 '아 걔 그때 그 일 때문에 그렇게 됐지.' 할 거고. 그때 정말 말이 쏙 들어가서 "아 예… 들어가세요…." 하고 갔는데, 내가 무슨 일을 하고 있는지 왜 이 일을 시작했는지에 대한 걸 다시 되새겼어요.

그러고 나서 그다음 날인가 5·18민주광장에서 행사 준비를 하고 있었을 거예요. 어머님들이 열시, 열한 시 즈음, 상여는 아니지만 그런 느낌으로 도청 앞을 이렇게 돌아 걸어가시는 그런 행렬이 있었어요. 여기는 막 조명 이렇게 달려있고 바쁜데, 그분들은 의식처럼 하고 가신 거죠. 근데 그게 너무 초라해 보이는 거예요. 옷 이렇게 [illegible] 입고 [illegible] 이렇게 와서 분수대를 지나고, 도청 앞에서 인사하고 가는 그 뒷모습이…. 사람들도 너무 없고. '뭐가 중요한가?' 이런 생각을 잠깐 했던 것 같아요.

당연한 게 아닌데 깨려고 해도 깨지지 않는 거예요.

갈수록 더 무거워지는 것 같아요. 오월공명에서 저는 대사가 많이 없었어요. 중간에 순간적인 연기변화로, 그때 당시에 시민군으로 '엄마 나 오늘 여기 남아 있을 거야.' 이런 몇 마디 하는 장면이 있는데 그게 너무 안 되는 거예요. 이게 되게 힘들었어요. 이유인즉슨, 너무 무겁고 너무 영웅적이야. 그니까 제 마음속에서 '그때 이 도청을 지켰던 사람은 영웅이고, 너무 대단하고, 숭고하고.' 이런 생각이 있었던 거예요. 근데 이걸 파고파고 들어가 보면 그 사람들도 남기 싫었지만 남을 수밖에 없는 상황이었을 수도 있고, 차마 나가지 못해서 있던 사람도 있었을 거고, 어제까지 같이 했는데 나만 배신할 수 없어서 그런 마음이었을 수도 있을 텐데…. 내가 잘나고, 영웅이고, 당연히 옳은 일이기 때문이 아니라. 당연한 게 아닌데 제 머릿속에는 너무 크게 이미지가 잡혀 있어서 아무리 깨려고 해도 깨지지 않는 거예요.

제가 마지막에 무덤을 가리키면서 이야기를 하는 장면이 있어요. 대본에는 '여기는 누구고, 여기는 누구고' 이렇게 쓰여 있었어요. 근데 이게 절대 안 되는 거예요. 그래서 '이분은 누구고, 이분은 누구고'라고 했어요. 근데 연출님이 자꾸 그 부분을 이야기하는 거예요. '제3자에게 말하는 것 같다, 우리 식구를 이야기하는 건데 너무 거리감이 느껴진다.'. 근데 그걸 모르겠는 거죠. 그러다가 마지막 공연 날 전에 팀끼리 5·18민주묘지를 갔는데 5·18 해설사분들이 있으시더라고요. 오월공명을 함께 한 팀원 중에 5·18 유가족인 친구가 있었는데 그 친구가 5·18 가족을 잘 알잖아요. 그래서 해설사분이 해설하시다가 그 친구를 보고 "어 뭔 일이야." 이러시는 거예요. 그러니까 그 친구가 "삼촌들한테 인사드리러 왔다."고 "재학이 삼촌 어디에 계세요?" 이렇게 물어봤어요. 해설사님이 "어 우리 재학이? 저기 있어, 저기." 이렇게 말씀을 하시는 걸 보고 '아… 이걸 얘기하셨구나, 이런 걸 얘기하셨구나.' 했죠. 그니까 나한테는 아무리 그렇게 설명해줘도, 문재학 열사인 거예요. 그래서 "우리 재학이 여기 있고, 누구는 저기 있고, 돌다 가. 인사해." 여기서 그때서야 '아… 이분들은 40년이 지나는 동안 너도, 나도 아닌 식구가 됐구나. 얘도 내 아들, 얘도 내 딸 이렇게 됐구나.'를 느낀 거죠. 근데 그거를 아무리 설명해도 알아듣지 못했던 거예요. 왜냐면 제 머릿속에는 그게 없으니까. 결국, 마지막 공연 때까지도 못 깬 것 같아요. 해가 갈수록 너무 무거워서 저 스스로도 너무 뻔하게 생각하는 것 같아요. 예를 들면 '5·18 작품은 이래야 하고, 정의로워야 하고, 역사적인 서사가 있어야 할 것 같고, 웅장해야 하고, 공동체적인 느낌을 확 살려야 하고, 긴장감 있어야 하고.'. '실상은 그렇지 않을 수도 있겠다.'라는 생각을 하죠. 그렇지만 결국엔 다시 뻔한 생각으로 돌아가는 걸 느껴요. 그래서 개인적으로든, 팀으로든 '내가 5·18 작품을 한다면 어떤 이야기가 되어야 할까.' 이런 생각을 해요.

마당극 배우 김혜선

제가 배우지만 마당극 배우라는 호칭이 있잖아요. '어떻게 하면 마당극 배우가 될 수 있을까?', '마당극 배우라 함은 어때야 하나.' 이런 고민을 해요. 내가 무대에서만 배우로 서는 것 말고 사회적인 문제에도 관심 두고 이야기해야 한다는 의무감? 의무감으로 할 수 있는 건 아니지만 의무감 같은 걸 좀 느껴야 하지 않을까 생각하죠. 실은 저도 바쁘면 거기까지 신경 쓰지 못할 때가 너무 많아요. 그런데 한 번씩 자각하는 거죠. '내가 이러려고 마당극 배우가 된 건 아닌데.'. 이런 걸 놓치지 않는 게 제일 중요하지 않을까 생각해요.

김호준

그냥 좋아서 시작했던 게 점점 목적이 생긴 거예요.

제가 학교 다닐 때까지만 해도 아직 민주화 투쟁을 하고 있던 시대였어요. 88년도에 조선대학교에서 1·8학원자율화투쟁이 있었어요. 그때 사람들이 뛰어내리고 조선대학교 본관이 불타고…. 근데 저는 데모나 이런 건 전혀 생각하고 있지 않았어요. 그냥 풍물을 좋아해서 풍물패에 들어간 건데, 이철규 열사가 제 4수원지에서 변사체로 발견이 된 거예요. 그때는 학생들이 파워가 셌어요. 가장 큰 결정권을 가지고 있는 게 학생들이었는데, 학생이 변사체로 발견되니까 다들 난리가 난 거예요. 그래서 이제 시신을 지킨다고 4수원지까지 다 뛰어가서 시신을 직접 전남대학교 응급실로 모셔왔어요. 그때부터 진상규명 투쟁을 1년 가까이 했죠. '탁! 치니까 억-하고 죽었다.'라고 하잖아요. 만난 적도 없고 왜 죽었는지 모른다고 하고, 마지막으로 만난 사람이 '가볍게 차를 마시고 헤어졌다.'라고 했는데 부검을 해보니까 위에서 밥, 콩나물 이런 게 발견이 된 거죠. 그니까 잡아서 밥을 먹여놓고 고문을 시킨 거겠죠. 그래서 그것 때문에 계속 싸우러 다녔는데 이제 세상을 다시 보게 된 거예요. 그러면서 '아, 이걸 계속해야겠다.'라고 생각한 거죠. 처음에는 그냥 좋아서 시작했던 게 내가 이걸 왜 해야 하는지 점점 목적이 생긴 거예요.

좀 종합적으로 다룰 수 있는 곳이었으면 좋겠다

저는 학교 다니면서 풍물을 시작했고, 농활 다니면서 마당극을 했어요. 그러면서 사람들하고 소통하는 방법을 배웠기 때문에 군대

다녀와서도 계속 문화 활동을 하고 싶었어요. 저 같은 경우에는 문화운동을 계속해야겠다고 생각하고 있었거든요. 그때는 운동하는 사람들 대부분이 전망을 정확하게 가지고 있었어요. 뭐 '나는 졸업하면 노동자로 갈 것이다.', '난 농민으로 살 것이다.', '나는 문화운동 계속할 것이다.'. 이렇게 자기의 전망을 가지고 활동을 했는데 저 같은 경우는 문화운동을 선택을 한 거죠. 그래서 만약 계속한다면 '광주에서 의미 있는 단체로 가면 좋겠다.'라고 생각을 했고, 사회에 나갈 때도 문화 활동을 계속할 수 있는 팀을 찾은 거죠. 저는 예술 활동을 그냥 자기일 하다가 참여하는 느낌으로 하고 싶은 게 아니라 전문적으로 하고 싶었어요. 풍물패 출신이긴 하지만 풍물만 하고 싶진 않았고, 대학교 다닐 때 마당극도 해봤고 춤도 춰봤기 때문에 '좀 종합적으로 다룰 수 있는 곳이었으면 좋겠다.'라는 생각이 있어서 놀이패 신명을 생각하고 있었죠. 그 당시에 신명에서 〈88 일어서는 사람들〉이나 〈넋풀이〉, 〈호랑이 놀이 2〉, 〈황토바람〉처럼 민중들의 이야기나 사회를 이야기하고 있었거든요. 근데 재미있게 잘했어요. 그래서 '아, 내가 군대 갔다 와서도 계속 이 생활을 한다면 신명에 들어가야겠다.'라고 생각했어요.

지금까지 오월을 이야기하게 된 계기

신명에 들어가서 공식적으로 한 첫 번째 작품이 〈97 일어서는 사람들〉이에요. 〈97 일어서는 사람들〉을 시작으로 지금까지도 오월 이야기를 계속하고 있는데 〈97 일어서는 사람들〉 작품 자체가 제 삶을 이걸로 갈 수밖에 없게끔 딱 잡아주는 작품이라고 생각해요.

마당극 〈97일어서는 사람들〉 공연사진

처음 할 때는 그냥 시민군 역할로써만 했는데 그냥 그런 경험들이 너무 좋았었고, 책임 의식이랄까? 이런 게 자리 잡혔던 시기였던 것 같아요. 그래서 지금까지 쭉 해오고 있는 거죠. 물론 다양한 작품들을 많이 했지만, 신명에서 레퍼토리로 가지고 가는 작품이 오월작품이다 보니까.

〈97 일어서는 사람들〉은 제가 27살에 한 작품인데, 작품에 나오는 안무들이 젊었을 때 만든 안무란 말이에요. 저뿐만 아니라 다들 젊었으니까. 팔팔한 사람들이 '어떻게 하면 한 번 더 뛸 수 있을까?'를 고민해서 만든 작품인 거예요. 왜냐면 시민군들은 그만큼 역동적이었고 그만큼 처절했고 '그걸 표현하기 위해선 우리도 그만큼 뛰어야 한다.'라는 생각이 있었어요. '어떻게 하면 더 뛰어볼까?',

'어떻게 하면 더 어렵게 만들 수 있을까?' 해서 만든 작품이에요.
그래서 쉬는 시간도 거의 없이 계속 뛰어다녔던 작품인데,
2018년도에 다시 하려고 하니까 죽겠는거죠. 20여 년 만에 다시
한다는 것 자체가 공포였죠. (웃음) 그렇다고 해서 나이 먹었다고 대충
될 수도 없고 장단의 호흡이 있는데 장단이 늘어지면 더 힘들거든요.
그래서 '차라리 숨 못 쉬더라도 그대로 하자.'하고 했었어요.

이름 없는 무명씨들은 어떻게 죽었을까?

신명에서 〈97 일어서는 사람들〉 이후로 정말 오랜만에 오월을
다룬 작품이 〈언젠가 봄날에〉였어요. 거의 13년 만에 한 건데,
'5·18 30주년 기념 공연으로 하겠다.'라고 마음먹고 한 작품이었죠.
그래서 두려움 반, 기대 반이었어요. '〈97 일어서는 사람들〉 같은
작품을 다시 만들어 낼 수 있을까?' 하는 걱정도 있었고, 시대도
많이 바뀌었기 때문에 5·18을 바라보는 시각도 많이 바뀌었을 거
아니에요. 그럼 "이 상황에서 신명은 어떤 이야기를 해야 할까?" 하고
이야기를 하다가 '행방불명자 이야기를 하자.'라고 했었죠.

〈언젠가 봄날에〉에서 행방불명자가 세 명이 나와요. 호석이,
정옥이, 빽구두. 이렇게 세 명이 나오는데, 호석이랑 정옥이는 이름이
있잖아요. 근데 빽구두는 이름이 없어요. 우리가 5·18 하면 시민군을
생각하고 민주주의를 위해서 열심히 싸운 사람들을 생각하는데,
그렇지 않은 사람들도 많이 돌아가셨거든요. 호석이는 시민군이었고
정옥이는 전남여자고등학교에 다니던 학생인데 헌혈하고 나오다가
총 맞아서 죽은 그런 상징성을 띤 캐릭터였어요. 그럼 '다른

사람들은 어떻게 죽었을까?'는 잘 모르잖아요. 우리가 '좀 더 넓게 바라보았으면 좋겠다.', '이름 없는 무명씨들도 그때 당시에는 많이 죽었고 우리는 그 사람들도 기억해야 한다.'라는 걸 빽구두라는 인물에 담고 싶었어요. 빽구두는 한마디로 제비족인데 '그때 당시에 민주주의를 위해서 싸우고 정의를 외친 사람들만 죽은 게 아니라 그냥 길 가다가, 놀러 가다가 죽은 사람들도 있다. 그 사람들도 우리가 기억을 해줘야 한다.'라는 의미였죠.

즉흥적으로 만드는 과정들이 있어서 여러 가지 재밌는 상황이 나왔던 것 같아요.

신명이 작품을 만드는 과정은 좀 스펙타클하다고 해야 할까? 다른 데는 작품을 어떻게 만드는지 잘 모르겠지만 신명에서는 작품을 만들면서 모든 걸 다 뒤집어 버리는 스타일이에요. 처음 대본이 오면 가이드라인 정도로 생각을 하는 거죠. (웃음) 그래서 이야기를 하고 연습을 하면서 바꾸고, 작가가 대표 집필을 하는데 시간이 지나서 봤을 때 '아닌 것 같다.' 싶으면 또 바꿔버리는 거예요. 그렇게 바꾸고, 바꿔서 연습했을 때 안 맞으면 어떻게 해, 바꿔야지. (웃음) 그러면서 작품을 생각하는 과정들이 쌓이니까 작품을 바라보는 시각이나 수준이 점점 높아져서 욕심이 많아지는 것 같아요. 막상 해 보고 나면 마음에 안 드는 거예요. 그래서 마지막에 선택한 게 상황만 만들어 주고 연기를 하게 했어요. 그래서 〈언젠가 봄날에〉에 나오는 대부분의 장면이 애드립과 즉흥이었어요. 〈언젠가 봄날에〉에서 빽구두 캐릭터가 80년 5월에 구타당하고 있는 사람을 보고 신발

한쪽을 계엄군한테 던져요. 그리고 그 계엄군한테 맞아서 죽거든요. 그래서 귀신이 되어서도 신발을 한쪽만 신고 나오는데, 그 한쪽 신발을 던지는 장면이 있어요. 그것도 즉흥이었는데, 신발을 던지는 순간 홀가분한 거예요. '나는 왜 이 신발을 계속 신고 있었지? 왜 나는 패션의 완성을 이 신발 찾는 거로 생각하고 있었을까?'라는 게 신발을 던지고 나니까 소름이 쫙 돋으면서 '아, 이거다.'라는 생각을 한 거죠. 그니까 보면 즉흥적으로 만드는 과정들이 있어서 여러 가지 재밌는 상황이 나왔던 것 같아요. 그렇게 〈언젠가 봄날에〉를 만들어서 공연했는데 많은 분이 좋아해 주시고 해가 지나면서 신명 대표작으로 자리를 잡게 됐죠.

〈언젠가 봄날에〉가 2010년도에 초연을 했으니까 벌써 10년이 된 건데 10년 동안 하면서 좋은 것도 있고, 안타까운 것도 있어요. 일단 하나의 캐릭터를 10년 동안 해온 것 자체는 상당히 영광스럽죠. 캐릭터에 대한 연구라던가 내가 동화되어서 몰입할 수 있었던 건 상당히 좋은 기회였던 것 같아요. 다만 아쉬움이 남는 건 '빽구두라는 인물에 대해 집중할 수 있는 에피소드가 있었으면 좋겠다.'라는 생각을 하죠. 그래서 뭐 '빽구두의 언젠가 봄날에. 이런 식으로 해봤어도 좋지 않았을까?'라는 아쉬움은 남아요.

행방불명자들의 신발

2012년도에 진주에서 탈극 만들기라는 3박 4일 워크숍이 있었어요. 직접 작품을 창작해서 발표까지 하고 퇴소하는 과정이었는데, 정말 이틀 동안은 멘붕이 오는 거예요. 다른 사람들은

연극 <망대> 공연사진

첫날부터 열심히 하는데 저는 그걸 보면서 미치는 거죠. '나는 왜 안 되지?' 하면서 이렇게도 해보고 저렇게도 해보는데 안 되는 거야. 뭔가 '어떻게 하면 좋겠다.'라는 건 있는데 구체적으로 '어떻게 해야겠다.'가 안 되는 거예요. 그래서 '도저히 안 되겠다.'라고 생각해서 '에라, 모르겠다.'하고 그냥 낮잠을 잤어요. (웃음) 근데 자고 일어났는데 뭔가 다 비워지는 느낌? 그러면서 '어? 뭔가 할 수 있을 것 같은데?'라는 생각이 들어서 그때부터 작품을 썼어요. 그때 뭔가 필이 받은 건지, 귀신이 씌인 건지 모르겠지만 막 써지기 시작하더라고요. 그렇게 작품을 쓰고 그날 저녁에 혼자 연습해서 다음 날 발표를 했죠.

그때 만든 게 5·18 행방불명자에 관련된 내용의 1인극이었어요. 신발을 오브제로 해서 할머니의 슬리퍼, 양동시장 아줌마의 슬리퍼, 아이의 슬리퍼, 간호사의 슬리퍼 그리고 마지막으로 군화. 군화로 계엄군을 표현하고 싶었어요. 어쨌든 군인들도 죽었으니까. 그래서 신발을 신으면 신발 주인의 영령이 돼서 어떻게 죽었는지를 몸짓으로 풀어냈어요. 이 내용으로 5·18전야제 때 공연도 했는데 이때는 작품명이 있었던 건 아니고 그냥 오월퍼포먼스라고만 해서 공연을 다녔어요.

극단 깍지의 탄생

극단 깍지가 2014년도에 만들어졌는데, 2014년도에 4·16 세월호 참사가 터지고 나서 세월호 진상규명 시위를 다녔어요. 세월호 참사 후에 답답하기도 하고, 화가 나고, 무엇인가 해야 할 것 같고 어떤 방식으로든 표현을 해야 한다는 강박감이 생겼어요. 시민상주모임에도 참여하고 마을촛불에도 참여를 했는데, 마을촛불에서 "문화행사가 없다. 그래서 뭔가를 해줬으면 좋겠다."라고 해서 만든 게 〈기억의 길〉이에요. 〈기억의 길〉도 신발이 오브제인데 그물로 신발을 건져와서 아이들이 '어떻게 죽었을까?', '어떤 느낌이었을까?'를 보여주고 좋은 곳으로 보내주는 내용으로 만들었어요.

오월퍼포먼스와 〈기억의 길〉로 공연을 하는데 빛고을아트스페이스에서 목요상설공연사업이 나왔어요. 그래서 5·18과 4·16을 연계시키는 내용으로 신청했는데 된 거예요. 오월퍼포먼스와 〈기억의 길〉을 합치니까 40분 정도가 되더라고요. 근데 좀 짧잖아요. '한 50분에서 60분 정도가 되면 좋겠다.'라고 생각을 했는데 그렇게 되면 혼자 하기에도 어려움이 있었죠. 그래서 극단 깍지의 김은숙 배우한테 "이런 작품이 있는데 같이 해줬으면 좋겠다."라고 말을 했고 '그럼 어떻게 하면 좋을까?' 하고 고민을 했어요. 고민하다가 "세월호 아이가 수학여행 가기 전의 설렘과 물에 잠겨지는 것까지 몸짓으로 해주라.". 그리고 "시작할 때 행방불명자를 기다리는 어머니를 보여주자."라고 해서 5·18과 4·16을 연결했고 〈망대〉라는 이름을 붙여서 공연을 올렸어요. 처음엔 1인극으로 만들었다가 목요상설공연을 계기로 해서 2인극이 됐고 극단 깍지가 탄생하게 된 거죠.

연출 김호준, 배우 김호준

연출과 배우의 차이는…. 연출은 전체적인 설계자인 거예요. 전체적으로 큰 그림을 가지고 하는 설계자고 배우는 거기에서 디테일하게 표현을 고민하죠. 그 지점이 약간 다른 것 같아요. **그니까 배우는 자기고민에 더 빠지는 거고 연출은 자기고민보다는 더 큰 그림을 바라보고 객관화시키는 연습을 해야 하는 것 같아요.** 다양한 사람들의 이야기도 들어보고, 생각 자체가 편협하게 가는 게 아니라 다른 가능성을 열어두고 생각해 보는 거죠. 근데 배우는 그 인물에 더 집중해야 하거든요. 그 인물에 집중하지 못하고 다른 걸 생각하면 집중력이 흐트러지니까 집중해서 가는 거죠. 저도 처음에 연출할 때는 정말 서툴렀어요. 마음에 안 들면 막 화도 내고 그랬었는데 지금은 배우가 좀 더 자기의 창의성을 끌어낼 수 있게 도와주려고 하죠.

다양한 방식의 기록

우리처럼 몸으로 기록을 하는 사람이 있고 또 글로 기록을 해주는 사람이 있는데 저는 글로 기록을 해주는 사람도 꼭 필요하다고 봐요. 그래서 고맙고. 그니까 저 같은 경우에는 몸으로 형상화 시키라고 하면 잘하는데 '몸으로 표현한 걸 글로 써주세요.' 하면 '어? 그걸 글로 어떻게 써?' 하는 것처럼 각자가 맡은 역할에 있어서 자기가 할 수 있는 것들을 해나가는 것들이 필요하다고 보거든요. 그렇게 각자의 역할을 잘하다 보면 '나중에 우리가 더 크게 다시 만날 수 있는 상황이 또 만들어지지 않을까?' 라는 생각을 해요.

지정남

그 큰 도로 위에 배우들과 나만 있는 느낌

제가 전교조 세대예요. 고등학교 2학년 때 학생회 부회장이었어요. 전교조 운동을 함께 하면서 '아, 세상이 불공정하구나.'하고 느끼며 사회문제에 관심 갖게 되었고, '노동운동을 해보고 싶다.'라는 막연한 생각을 가지고 있었어요. 고등학교 졸업 후 바로 공장 일을 전전하다가 무등양말 공장에 들어가게 되었는데 22살 때 해고를 당했어요. '노조를 만들 것 같다(?)'는 것이 이유였지요.

'세상이 학교 때랑은 완전 다르구나.'란 생각에 마음 단단히 먹고 해고자싸움을 시작했죠. 그때 놀이패 신명이 응원 항의 방문을 하러 왔드라고요. 그것이 인연이 되어 신명의 공연장소마다 찾아가 공연 전 앞풀이로 제 이야기를 했어요. '저는 무등양말 해고자입니다. 많은 관심 부탁드립니다.' 그러곤 공연을 보는 거죠. 몇 달 후, 놀이패 신명과 극단 토박이의 〈쌀이 지일이여〉라는 작품을 보게 됐어요. 광주교육대학교 앞 8차선 도로를 막고 농민회 집회를 했는데 그때 했던 공연이었던 걸로 기억해요. **그런데 그 큰 도로 위에 배우들과 나만 있는 느낌. 수백 명의 관객은 사라지고 나와 배우만 있는 것 같은. 엄청난 경험이었어요. 그래서 '아 저걸 해야겠다.' 하고 바로 시작했죠.** '니 앞풀이 헌거봉께 잘하든디 극단에 들어올래?' 하는 선배의 말에 기다렸다는 듯이 배우 생활을 시작했어요. 그때가 93년, 제 나이 23살 때네요.

계속 이야기할 수밖에 없는 거죠.

놀이패 신명에 입단 후 비디오 정리 담당이었어요. 그때는 공연영상을 비디오테이프로 찍어 보관했거든요. 그 많은 작품 중에서 5·18을 다룬 〈88 일어서는 사람들〉 비디오를 봤어요. 1988년 당시 언론과 사회에서 말하지 않는 광주의 이야기를 선배들이 공연으로 알리고 다니신 거죠. 보고 또 봤는데 볼 때마다 운 거예요. 5·18 당시의 비디오를 보고 사회운동에 뛰어든 분들이 많으시잖아요? 전 그 영상이 아닌 한 단계 걸러서 마당극으로 작품화해 놓은 영상을 본 것인데도 엄청나게 충격을 받았고 정말 많이 울었어요.

그러다가 1997년도에 〈88 일어서는 사람들〉을 각색해서 〈97 일어서는 사람들〉 작품을 공연했어요. 그때 찍어놓은 비디오를 보면 제 연기가 아주 사나워요. 연기가 아니고 분노로 꽉 차서, 송곳이 아주 이만큼 뻗쳐가지고 관객들한테 감동을 주는 게 아니라 막 쑤셔대는 거죠. 악을 쓰고, 분노로만 했던 것 같아요. 연기도 뭣도 아니었어요.

40년이 지난 지금, 사람들이 '또 그 이야기냐?' 하는 것도 느껴져요. 근데 아직도 진상규명이 되지 않았으니까 계속 이야기할 수밖에 없는 거죠. 지금 5·18에 대해서 왜곡하고 날조하는 권력들은 알 거예요. 당시 5·18민주화운동의 어마어마한 힘이 역사에 많은 영향을 미치고 있고, 앞으로도 계속될 것이라는 것을. 기득권 역시 자신들이 설 자리가 없어질 거라는 걸 알 거예요. 그들은 그게 두려운 거예요.

세상을 이야기하는 이야기꾼이 세상을 모르면 안 되잖아요.

배우의 연기에는 개인의 삶이 배어 나와요. 배우는 하얀 도화지처럼 캐릭터가 오면 받아들이고 판 위에서 움직이죠. '나는 왜 오월이면 꼭 뭣이라도 하려고 드나.' 생각해 봤더니 사회적 유전자 덕분 같아요. 제주도민들이 제주 4·3 사건을 잊을래야 잊을 수 없듯이 자연스럽게 모든 삶에 배어 있는 거죠. 우리 가족들이 비슷한 얼굴로, 비슷한 음식 취향으로 살아가듯이 광주에서, 전라도에서 살면서 사회적인 유전을 받은 거예요. 동학! 그때 최대 다수 국민의 직업이 농업이었잖아요. 농민들이 서로를 한울님으로 모시고 평화로운 세상을 꿈꿨어요. 기득권인 양반들이 가만히 두지 않죠. 자신들의 자리가 위험해지니깐. 일본까지 끌어들이잖아요. 지금 생각해도 동학은 너무 멋진 운동인데 실패를 했어요. 그럼 이 경우엔 실패에 대한 유전자도 있을 거고. 또 전남 곡성 쪽은 지리산이 옆에 있으니까 빨치산 이야기도 간혹 들었을 거잖아요. 그런 거에 대한 유전자도 있을 것이고. 이게 계속 쌓였다는 거죠. 누가 가르쳐 주는 것도 아니고 그냥 자연스럽게 몸에 배고 알아가는 거죠.

이걸 표현해야 하는데 분노나 고함만으로는 세상을 바꿀 수 없다는 생각이 들더라고요. 사랑의 힘으로 바꿀 수 있다고 생각해요. 공동체에서 사랑이라고 하면, 동물도 잘 살아야 하는 거구요, 심지어 나무도 잘 살아야 하는 거죠. 인간의 필요에 의해 네모반듯하게 도로 내불고 이런 게 아니고 다 잘사는 방법을 계속 찾고, 노력하자. 이걸 지치지 않게 이야기할 수 있는 힘은 사랑밖에 없다고 생각해요.

글면 나는 환경적인, 사회적인 유전자를 어떻게 발현시킬 거냐. 내가 가지고 있는 달란트는 연기이고 창작을 해서 사람들에게 '나는 이것에 대해 이렇게 생각하는데 당신 생각은 어때요?'라고 이야기를 건네는 건데. 이걸 마음이 움직이게 표현하려면 성실하게 고민하고, 수련하고, 더 다듬어야 하는 것 같아요. 긍께 사랑이 바탕이 된 성실함이어야 한다는 거죠.

세상에 대해서 계속 공부를 하면 다양한 방식으로 이야기할 수 있겠다.

그렇게 배우 생활을 계속하다가 2007년도에 '나는 이 시대 어떤 배우로 살고 있나.'가 화두가 됐어요. 몹시 궁금해서 대학을 갔어요. 졸업장 따러 간 것이 아니고 공연장 밖에서 공부하는 방법을 배우고 싶었어요. 탈 공부도 했고, '마당극은 여기 대한민국, 특히 전라도 쪽에서 정서적으로 교감이 잘되고 5·18을 표현하는 데도 적합한 예술형식이구나. 내가 그걸 하고 있구나' 하는 자신감을 얻고 졸업을 했어요.

마당극 〈꽃등들어 님 오시면〉 공연사진

도움이 많이 됐어요. 이후에 대학원을 가서 공부를 더 할까 고민하던 차에 4·16 세월호 참사가 터졌어요. 304명의 희생이 너무 억울했어요. 뭐라도 해야 한다는 생각이 들어 광주시민들과 세월호 3년상을 치르는 광주시민상주모임을 함께 꾸려 열심히 활동했어요. 촛불문화제, 촛불예술단을 만들어 사람들의 관심에 군불을 때자며 열심히 뛰어다녔어요. 돌아보니 저 살자고 한 거예요. 그렇게 움직이지 않았으면 스스로 엄청 힘들었을 거예요. 그러면서 또 많이 배웠어요.

제가 배운 기술은 마당극 만드는 건데, 이 기술이 사람들 안으로 들어가니 마당극과 비슷하드라고요. 사람들 모으고, 각자의 장단점을 살려서 즐겁게 할 수 있게끔 의상, 소품 담당자 나누듯, 일을 분배하고, 주제를 뭐로 할 것인지 계속 끊임없이 이야기하는 거죠.

우린 살면서 가끔 '모든 세상의 기준이 내가 바라보는 기준이어야 한다. 내 말이 맞아!'하고 오만에 빠지기도 해요. 저는 그때 몇백 명의 시민들과 함께하면서 세상을 바라보는 다양한 방식이 있다는 걸 배웠어요. 그전에는 '세상은 내가 구한다.' 하는 오만함이 있었어요. (웃음) **뭐라도 하나만 꾸준히 하고 있으면 만나지는 거잖아요. 지금은 이 본연의 나에 대해서 집중하고 있고, 이게 작품 안에 스미게끔 계속 세상에 대해서 공부하고 있어요. 그러다 보면 나중에 얼마든지 유연하게, 말랑말랑하게 다양한 방식으로 이야기할 수 있겠단 생각이 들어요.**

3cm는 본인의 세계관인 거예요.

탈을 써도 그렇고, 분장해도 그렇고, 3cm. 제가 정한 3cm인데, 탈을 썼을 때 맨얼굴하고 탈하고 3cm 정도의 공간이 나와요. 탈을 쓰면 3cm 공간이 있고, 나는 작은 구멍으로 세상을 바라봐요. 이 3cm는 본인의 세계관인 거예요. 내가 이 탈을 통해서 보여줄 나의 세계관. 나의 해석이기도 해요. 근데 이 3cm가 없으면 나중에 혼란이 와요. 딱 붙어버리면 내가 캐릭터인지, 캐릭터가 나인지 헷갈리기도 하고, 너무 떨어져 있으면 분리가 되어버려요.

저는 관객들을 엑스레이 기사라고 표현하는데, 관객들은 싹 찍어브러요. '저 배우의 일상이 어떻겠구나.'까지 다 알아요. 무대에서 거짓말하면 안 돼요. 그래서 '일상을 하루하루 성실하게 살아가는 건 가장 필요한 배우의 덕목이다.'라는 생각을 하고 살죠. 나, 개인의 삶도 꾸준히 가꾸지 않으면 판 위에서 알몸으로 서 있는 기분을 느끼게 돼요. 그러면 판에 못 설 것 같아요.

우리는 그때 그 현장에 다 같이 있었다는 걸 전달해주고 싶었어요.

프로젝트 오월공명 첫 기획은, '역사의 현장에서, 도청에서 재연을 하자.'라는 생각으로 시작했어요. 관객과 이동하면서 현장을 느낄 수 있다는 장점도 있었고요. 예산이 너무 적어 정말 교통비도 안되는 돈이지만 '일단 한번 해보자' 마음을 모은 배우들이 있었어요.

'도청을 두고도 다른 한정된 무대 위에서만 갇혀있을 일이 아니다.'라는 생각이 들었지요. 해설사가 있고, 현장에 들어가서 거기에서 이루어졌던 장면을 보고 사람들이 '아 이 현장에서 이런 일이 있었구나….' 더 가깝게 느끼는 거죠. 그때 5·18기념재단에서 굉장히 좋은 평가가 나왔어요. 그래서 오월공명 2에서는 '조금 더 들어가 볼까?', '유랑단의 입장으로 5·18을 바라보면 어떨까?'를 가지고 이야기를 했죠. '그때 여기 이 자리에서 이런 일이 있었소!'만 알리는 게 아니라 '유랑단의 시선, 객관적인 시선을 가져보자' 한 거예요.

여섯 장면 중 한 장면은 상무관 앞마당에서 공연했어요. 희생자를 모셔와 장례를 치르고 예를 갖춰준 곳은 전 세계적으로도 광주가 유일해요. 긍께 우리는 그때 그 현장에 다 같이 있었다는 것을 말하고 싶었어요. 관객이 '우리'라고 느끼게끔 동양화처럼 빈 공간을 많이 주려고 했죠. 그 빈 공간은 관객들이 채우는 거예요. 내년에는 또 다른 형식을 고민하고 있어요. 지금처럼 현장이긴 하겠지만 관객들과 만나는 방식이나 형식을 계속 바꿔볼 생각이에요.

박조금, 내가 사랑하는 역할이기도 합니다.

5·18민주화운동 30주년 마당극 〈언젠가 봄날에〉 첫 대본에는 제가 연기한 박조금이라는 인물이 없었어요. 제가 처음 맡은 역할은 '길잡이', '놀이꾼'이었는데…, 이걸로는 사람들한테 설득이 안 되겠다 싶었어요. '지비들 5·18 아요?' 이런 식으로 다가가는 건 안 맞겠다는 생각이 들었죠. 판 위의 가르침은 사람들에게 감동을 줄 수 없다는 판단이 들더라고요. 그래서 스스로 박조금이라는 인물을 만들었어요. 같이 공연 준비하는 배우들 앞에서 대본에 없는 인물을 밀어 넣어놓고 첫선을 보이는데, 살면서 제일 떨렸던 순간이었어요.

연출님의 오케이를 받고, 다른 배우들과 서로 이야기를 나누며 장면을 짰어요. 80세 무당, 무당은 죽은 귀신을 볼 수 있잖아요. 거기에 5·18이라는 역사를 얹고 행방불명된 자식을 얹고 해서 인물의 역사를 다시 만든 거죠. 그렇게 박조금을 행방불명자의 엄마, 거기에다 무당. 실제로는 굿도 대충하고 술, 담배 좋아하고 욕 잘하고. 주변에 있을법한 인물이 된 거죠. 그래서 그런지 공연하면 참 많이들 좋아하세요. 이때가 제가 39살, 막 40을 넘어가는 찰나여서 배우로 살 것이냐, 아니면 다른 직업인으로 살 것이냐 되게 고민하던 때예요. 인물을 구축하면서 '배우로 살 수 있겠다.' 하는 자신감이 생겼죠. 박조금, 내가 가장 사랑하는 역할이기도 합니다. 지금도 여전히 공연 중이에요. 아직도 가족 품에 돌아오지 못한 행방불명자분들이 있으시거든요.

10년이 지나니까 마음이 달라졌죠.

2010년도에 작품을 만들었을 때도 사명감이 컸던 것 같아요. 그래서 그런지 처음 등장부터 '나는 지금부터 5·18 이야기 할 거야' 하면서 등장했어요. 아… 부담스러워…. 1997년처럼 사명감으로만 연기하다 보니 제 몸이 엄청 아팠어요. 뒤에서 푸른 기운이 나오는 거 있잖아요. 재밌는 이야기를 해도 '나 행방불명자 엄마야.' 하는 티가 나지요. 그런데 10년이 지나니까 마음이 달라졌죠. 예를 들어 시작할 때 굿으로 열잖아요. 그럼 굿만 해요. 전화가 왔어, 전화에 대한 반응만 열심히 해요. 자식을 잃은 그 슬픔은 겪어보지 않으면 모르는 거잖아요. 그런데 그런 설정을 두면 똑같이 일상을 연기해도 색채가

마당극 〈언젠가 봄날에〉 공연사진

달라지는 것 같아요. 관객들은 '아… 아프겠다.'하고 아는 거죠.

2019년 제주도 4·3 평화인권마당극제 때 〈언젠가 봄날에〉 공연 후, 바로 4·16 가족극단 노란리본 공연이 있었어요. 우리 공연 때 세월호 유가족 엄마들이 관객석에 앉아 있으니까 '연기를 어떻게 해야 하지?', '자신 없다.' 하는 생각이 들었어요. 그래서 그냥 살아가는, 살아지는 할매 이야기처럼 했어요. 공연이 끝나고 대기실 문을 여니 엄마들이 통곡하고 있고, 저도 순간 같이 주저앉아서 한참을 울었어요. 그러다가 정신 차리고 '엄마들 공연 준비하셔야 해요.'하고 짐 정리를 했던 기억이 나네요. 그날 엄마들도 참 열심히 살아냈어요. 무언가 공연으로 서로 큰 힘이 되었어요.

아픔을 쥐고 일상을 살아가지만 웃을 일이 없겠어요?

참사나 억울한 죽음을 맞은 유가족들에게 우리는 피해자다움을 너무 쉽게 요구하는 것 같아요. 유가족들도 자식 잘 키우고 편안하게 살고 싶은 시민이었잖아요. 갑작스런 가족의 죽음을 슬퍼하기도 전에 우리는 피해자다움을 요구해요. 항상 울고 있어야 하는, 입술을 꾹 다문 채 슬퍼하기만 하는 그런 유가족의 모습. 죽음의 원인과 책임을 묻고자 울부짖고, '내 자식 살려내라' 끝까지 가는 것도 유가족이에요. **이런 아픔을 쥐고 일상을 살아가지만, 살면서 피해자 유가족들이 웃을 일이 없겠어요? '웃을 날이 더 많게 살아가야 하는데 우리는 너무 피해자다움을 강요하는구나.' 이런 생각이 들었어요.** 죄지은 것도 아닌데 고개 숙이고…. 우리는 왜 피해자나 유가족들한테 이런 모습을 요구하는가? 그리고 값싼 동정심으로 '잘 이겨내야지…!' 하고 말하는 것. 이 모든 상황을 가장 잘 이겨내고 싶은 사람은 유가족들이고 피해자일 텐데 빠른 시간내에 아무렇지도 않은 듯 살아가기를 무지막지하게 강요했구나. 반성도 많이 했어요. 긍께 박조금이란 인물이 처음에는 극 흐름을 겁나 호탕하게 끌고 가다가 아들을 만나고 저 깊이 눌러놨던 아픔을 와르르 쏟아내거든요. 그런 것을 좀 깨보고 싶었었나 봐요. 그랬던 것 같애. 그런 세상의 요구를 박조금은 들어주지 않아요. 하고픈 대로 하지.

그런 게 마당극의 힘인 것 같아요.

마당극은 경계가 없어요. 마당은 왔다 갔다 넘나들 수 있잖아요. 집회 장소에서 공연하다가 행진해야 한다 그러면 보따리 싸고 같이 행진해요. 전경하고 대치하면 악사들이 앞에서 풍물을 치며 최전선에 서기도 해요. 실제 농민회 집회에서 그랬어요. **그런 게 마당극의 힘인 것 같아요. '아파 우는 당신이랑 언제든지 어깨 나란히 함께 걸어갈 수 있어요.'라며 작품의 세계와 나의 행동이, 결국은 나의 삶까지 같을 수 있어 참 좋은 것 같아요. 글고 관객들 눈이 가까이 보이잖아요. 그래서 마당극이 좋은 것 같아요.**

저를 연극배우로 소개하는 경우가 많아요. 그때마다 '마당극 배우로 고쳐주세요.'라고 해요. 예전에는 '다시 태어나도 마당극 배우 할래요.'라고 했는데 요새는 노래, 소리 잘하는 배우로 태어나고 싶다는 생각이 조금 들어요.

5장

요즘 젊은 것들

도민주

우리의 틀을 직접 만든다

저는 창작그룹 MOIZ에서 이야기 틀을 만들고 있어요. 창작그룹 MOIZ는 연출, 시노그라퍼, 그래픽 디자이너, 기획 등 다양한 분야의 광주 청년작가들이 모인 크리에이터 그룹이에요. 광주광역시에 사는 우리가 살면서 마주하는 의문과 불편함을 해소하기 위해 이야기를 모아요. '우리의 틀을 직접 만든다'를 모토로, 프로젝트 참여자 전원이 리서치, 기획, 구성, 연출 모든 단계에 참여하고 토론을 통해 표현방식에 대해 합의해요. 지금까지 이머시브 씨어터, 전시, 공론장, 파티, 영상, 다큐멘터리 연극 등 다양한 이야기 틀을 통해 관객과 만났고 저희는 이게 다 연극이라고 우기는 중이에요.

이머씨브 씨어터 〈ALICE IN HERE : Gwangju〉 공연사진 ⓒ 이준호

어쩌다 오일팔 3부작

지금까지 만든 것들을 돌이켜보면, 모두 질문에서 출발했더라고요. 불편함이나 '어? 이건 왜 이러지?'라는 궁금증이 생기면, 그게 뭔지 알고 싶더라고요. 5·18에 관한 작품을 세 편 연달아 만들게 된 것도 마찬가지였어요.

5·18에 관한 첫 작품, 〈ALICE IN HERE : Gwangju〉의 경우, "1980년 5월 광주에 내가 있었다면, 난 어떻게 했을까?"가 궁금해서 만들기 시작했어요. 내가 어떤 선택을 할지 알기 위해서는, 1970년대부터 1980년대의 시대상을 알아야 했어요. 그때 어떤 분위기였길래 지금은 상상할 수 없는 이런 종류의 폭력이 작동되었고 용인됐는지 궁금했거든요. 시대상을 공부하며, 국가폭력의 작동방식을 뽑아내 보고 싶었는데 문득 그런 생각이 드는 거예요. '지금은 이런 종류의 폭력이 없다고 말할 수 있을까?'

이상적인 인물상을 제시하고, 그에 반하는 인물은 괴롭혀도 되는 대상으로 만들고, 괴롭혀도 되는 대상을 이름 붙이고 구별해 편견을 만들어 내는 것. **1980년대에 행해진 물리적 폭력은 사라졌어도 모습을 달리했을 뿐, 지금도 비슷한 폭력이 작동하고 있다고 느껴졌어요. 국가폭력의 메커니즘에서 출발했지만, 소수자를 향한 차별과 혐오가 작동하는 방식과 동일하다고 느껴졌거든요.** 그래서 동화 〈이상한 나라의 앨리스〉를 차용해서 폭력의 세계를 시각적으로 만들었어요. 관객이 앨리스가 되어, 달콤한 폭력의 세계가 나열된 원더랜드를 탐험하고, 거기에 박해받는 동물들을 구출하는 이머시브 씨어터로 구성했어요.

적십자 병원이 어떻게 되면 좋겠어요?

두 번째 〈나가 어찌케 살면 좋겠어요?〉는 정말 '길 가다가 마주친 5·18' 때문에 만들게 됐어요. 그때 작업실이 옛 광주적십자병원 건너편에 있었어요. 거기에 "5·18 사적지 민간매각을 반대한다!"는 현수막이 걸려 있는 거예요. 그러면서 두 가지 질문이 동시에 들었어요. "사적지를 민간매각 할 수 있는 거였어?", "저게 어떻게 사적지지?". 다 쓰러져가는 폐허 같았거든요, 적십자 병원이. 사적지를 사고, 팔 수도 있다는 게 좀 충격적이어서, 저는 다른 사적지들은 어떻게 활용되고 있는지 찾아보기 시작했어요. 다른 나라의 사례를 찾아보기도 하고요. 근데 어떻게 활용하는 게 좋은 방식인진 모르겠는 거예요. '보존해야 해!' 라고 말하기엔, 제 자유의지로 사적지를 가본 적은 없더라고요. "공간의 생명력은 출입하는 사람에 의해 결정된다."는 말을 책에서 봤어요. 완벽하게 보존되었지만 아무도 가지 않는 곳이라면, 그건 사적지로 유의미한 건지 의문도 들더라고요. 그래서 광주시민에게 적십자 병원이 어떻게 됐으면 좋겠냐고 물어보기로 했어요. 사람들의 답변을 바탕으로 가상의 적십자 병원을 이미지로 합성해서, 인터뷰와 함께 전시했어요.

내가 감각하는 5·18은 뭐지?

세 번째 〈미래 기념비 탐사대〉는 적십자 병원 인터뷰 때문에 시작하게 됐어요. 솔직히 광주 사람이라면 모두 '적십자 병원 보존해야 한다.'라고 말할 줄 알았거든요? (웃음) 근데 없애고 오피스텔이나 상가가 들어왔으면 좋겠다고 하는 사람들이 있는 거예요. 거기서 사람들이 많이 죽었으니까, 좋은 기억이 있는 곳은 아니라고. 또 적십자 병원이 뉴스나 TV에 많이 안 나왔으니까, 5·18이랑 가깝게 되어있단 건 아니라고 하시는 거예요. 80년 광주적십자병원에서 어떤 일이 일어났는지 말씀해 주셔 놓고요! 근데 그렇게 답한 사람들이 1980년 5월, 광주에 있던 사람들이었어요. 똑같이 오월을 겪었는데, 어떤 건물은 아무도 모르는 채 사라지고 어떤 건물은 리모델링한다는 게 이상했어요. 1980년 5월을 경험하신 분들한테 인터뷰 마지막 질문으로 "당신은 5·18과 관련된 사람일까요?"를 물었거든요. 다들 아니라고 하시는 거예요. 자기는 총을 들고 나가서 싸우거나 그런 게 아녔고 '그냥' 있었으니까. 반면 내 또래 사람들은 같은 질문에 "5·18을 알고 있으니까 관련된 사람이다."라고 하더라고요. 재밌는 건, 또래 답변자들이 묘사하는 5·18에 대한 설명이 비슷하다는 거였어요. 자랑스러운, 대동정신, 민주화운동, 주먹밥, 시민군. 이런 단어들이 반복적으로 등장했어요. 경험 세대가 묘사하는 5·18의 묘사는 트라우마적 기억에 가까웠는데, 비 경험 세대가 묘사하는 5·18은 마치 교과서에서 복사해온 글귀들 같았어요.

답변을 들으며, 이번엔 내 스스로에게 '내가 기억하는, 감각하는 5·18은 뭐지?'란 질문이 생겼어요. 제 또래를 기억을 전달해야 할 의무가 있는 '미래세대'라고 부르는데, 인터뷰 답변처럼 '대동정신, 민주화운동' 등의 배운 단어를 기계처럼 나열하는 것이 과연 기억을 전달하는 행위라고 부를 수 있는지도 의문이었고요.

그걸 찾기 위해 〈미래 기념비 탐사대〉를 만들었어요.

다큐멘터리 연극 〈미래 기념비 탐사대〉에서는 배우가 아닌 우리, 20대 광주토박이 네 명이 등장해요. 기존의 방식인 은유를 걷어내고, 내가 매일 마주치는 것들을 솔직하게 서술해요.

5·18 문학상에 도전한 게 상금 때문이었다라든지, 망월동 묘지에 있는 거대한 탑이 젓가락 사이에 낀 공룡알처럼 보여서 초등학생 때는 거기가 공룡박물관인 줄 알았다든지. 단 한 번도 5·18을 겪은 사람이 살아있을 거라고 생각하지 못했다든지…. **40년이라는 시간 동안, 어떤 기억은 사라지고 어떤 기억은 남았어요. 그게 우리 안에 어떤 모습으로 남았는지 진단해야 할 시점이라고 느껴졌거든요.**

재현의 윤리와 당사자성의 굴레

우리가 왜 5·18을 이야기해야 하는지, 그 이유를 찾는 과정이 가장 어려웠어요. 그러면서 재현에 대한 윤리와 당사자성의 굴레에서 자유롭지 못했어요. 자유롭지 못해야 한다고도 생각하는 편이고요. 누군가의 기억을 빌려다가 쓰는 일이 직업이라면 특히요.

어쩌다 5·18과 관련된 작품을 세 개나 했지만, 단 한 작품도 80년 5월의 모습을 재현한 장면을 포함하고 있지 않아요. 단순히 '경험한 적 없으니까, 재현도 안 할 거야!'라기 보단, 재현이 불러올 결과 때문에 그런 것 같아요. 특히나 광주에서 오월을 이야기한다는 것은, 누군가의 기억을 무대 위에 소환한다는 것이니까요. 자료조사를 하면서 증언록을 읽다 보니, 누군가에겐 잊고 싶은, 겨우 잠재운 트라우마 같은 걸 수도 있단 생각이 들더라고요. 광주

사람이면 이미 광주에 어떤 끔찍한 일들이 일어났는지 잘 알 텐데, 내가 또 이야기할 필요는 없는 거 같아요.

그럼 '내가 할 수 있는 이야기는 뭘까?'를 고민하게 되는데…. 저한텐 그 질문이 〈미래 기념비 탐사대〉를 만드는 동안 큰 동력이었어요. 5·18에 대해 말할 권리와 당위성을 찾아 헤매느라 진을 많이 뺐죠. (웃음) 수많은 증언록, 영상, 사진을 보고, 스무 명이 넘는 사람을 만나 인터뷰를 했어도 '내가 5·18에 대해 말할 자격이 어디 있어.'라는 생각은 여전했어요. **결국, 도달한 곳은 '5·18은 광주의 공동기억이다.'에요. 직업, 성별, 나이 등 모든 걸 떠나 광주 사람이라면 모두 갖고 있는 기억이니까요.** 그래서 5·18은 1980년 5월 18일부터 27일까지 10일간의 기억만을 의미하지 않아요. 5·18이 '5·18민주화운동'이라는 공식 이름을 갖기까지, 수많은 희생과 싸움이 있었어요. '수많은 금기를 깨부순 모든 싸움'이 제가 〈미래 기념비 탐사대〉를 만들며 정의한 5·18이에요.

다큐멘터리연극 〈미래기념비탐사대〉
공연사진 ⓒ 이강물

지금 세대의 이야기

〈미래 기념비 답사대〉를 통해 제가 이야기한 5·18도 금기에 대한 도전이라고 생각해요. 싸움까진 아니고. (웃음) '당사자성'이 5·18에 씌워진 새로운 금기 같다는 생각을 했거든요. 일종의 성역처럼요. 예전에는 '빨갱이'라는 낙인이 찍힐까 두려워 5·18에 대해 말할 수 없었다면, 지금은 '내가 무슨 권리로?'라는 자기검열로 인해 5·18에 대해 말할 수 없는 사람들을 봤어요. 40여 년을 지나면서 쌓인 기억 층위가 일종의 계급체계로 작용할 수도 있겠다는 생각이 들더라고요.

하지만 5·18 이 계속 기억되려면, 특정한 누군가에게만 발언권이 부여되는 것이 아니라, 많은 사람들이 대화에 참여할 수 있어야 한다고 생각해요. 다음 세대에게 어떤 기억을 전달할지 고민하려면, 지금 세대의 이야기가 필요하다고 생각하거든요. 기성세대가 사용한 기억전달방식이 얼마나 유효했는지 이야기해 줄 수 있는 사람이 우리 세대니까요.

송한울

15살 때 연극을 만나게 됐어요.

태어난 건 서울에서 태어났는데, 아버지 고향이 고흥이셨어요. 그래서 전라도 쪽으로 내려가려던 찰나 발령이 고흥으로 나면서 긴 서울 생활을 정리하고 전라도 쪽으로 내려온 거죠. 그리고 고흥에서 1년 정도 살다가 7살에 보성으로 넘어가 쭉 보성에서 살았어요. 그리고 연극과 만나게 된 것은 제가 15살 때일건데 당시 극단 푸른연극마을이 보성으로 내려와서 활동을 시작하던 때였어요. 그러면서 푸른연극마을이랑 자연스럽게 연이 되었던 거죠. 아무래도 보성이라는 지역의 색이 있다 보니까 빨치산 이야기, 태백산맥 이야기를 각색하는 작업이나 민초들의 의병 활동 같은 소재들을 많이 다뤘었던 걸로 기억해요. 저는 보성 읍내 쪽에 살았었고 푸른연극마을은 노동면에서 활동했는데, 보성 읍내에다가도 홍보를 많이 했었어요. 아버지가 '이런 거 한다는데 한번 보러 가자.' 해서 다 같이 보러 갔던 기억이 나네요.

너 단원 아니냐?

푸른연극마을은 2012년도에 입단했어요. 원래는 출판사 하려고 10대 후반? 그때부터 준비 중이었는데 당시 단원으로 있던 친누나가 저를 음향알바로 불러서 갔었어요. 그 이후로 작업할 때마다 부르시더라고요. 그땐 알바인 줄 알았죠. 근데 다음에는 '너 단원 아니냐?' 하시더라고요. (웃음) 그렇게 연이 돼서 활동을 시작했는데, 저는 처음에 '절대 배우는 안 한다.'라고 못을 박고 시작했어요. 근데 시간이 지나면서 작품 수가 많아지다 보니까 배우로 뛰어야 할 때도 생기더라고요.

배우로서 참여해보니 그 부담감은 진짜 어마어마하더라고요.

푸른연극마을에서 오월극을 하기 전에는 영화나 다큐멘터리 같은 거로 오월을 많이 접했어요. 아무래도 전라도 쪽의 친구들은 태어나면서부터 접할 기회들이 되게 많더라고요. 그렇게 접하다가 작업자로 참여를 하니까 많이 달랐던 것 같아요. 이게 관객으로서 보는 거랑 약간 차이가 있었을지도 모르겠는데, 글로 쓰였을 때랑 다른 느낌이 있었던 것 같아요. 또 5·18민주화운동은 가까운 과거의 역사이다 보니까 작업자로 참여하면서 '잘못하면 안 되겠다.', '쉬운 소재가 아니구나.'라고 생각했어요. 또 아직까지 현장에 계셨던 많은 분들이 살아계시고, 그때의 기억을 가지고 계신 분들이 있다 보니까 작업을 할 때 겸손함이나 조심성이 더 생기는 것 같더라고요. 당시 시작한 지 얼마 안 된 저에게는 신기한 작업이었죠. 그 감정이 제일 첫 번째였던 것 같아요.

〈그들의 새벽〉은 제가 처음으로 배우로 참여한 오월극 작품이에요. 그전에는 바깥에서 스태프나 기획자로서 지켜보는 입장이었으니까 조금 더 객관적으로 작업 전반을 객관적으로 바라볼 수 있었던 것 같아요. 근데 배우로서 참여해보니 그 부담감은 진짜 어마어마하더라고요. 말한 것처럼 원래 '배우 할 생각이 없다.'고 못을 박아놓고 작업을 했는데 2018년도에는 상황이 이상하게 되어버린 거예요. 극단에 있던 형들도 두 명이 나가면서 저 혼자 남게 됐는데 오디션을 봐도 이상하게 배우가 안 들어왔어요. 그래서 배역이 돌다돌다 저한테 들어오게 된 거예요. 연기를 처음 하는

연극 〈고백: 얼굴 뒤의 얼굴〉 공연사진

느낌으로 시작을 했죠. 그전에는 뭐 마당극이나 가무극 위주로 작업을 했었고, 비중이 있는 배역은 아니여서 부담이 없었는데 이 작품은 오월극에다 배역도 주요 배역이다 보니 부담이 컸어요. 그렇게 작업에 들어갔는데 이제 뭐 아는 건 없지, 배우로서 해결해야 할 부분도 어마어마하게 큰 거예요. 5·18 일지도 다시 읽어보고 했는데 **'이런 어마어마한 사건이 있었는데 그 시대의 평범한 일상을 가지고 있는 어떤 평범한 사람을 연기한다는 게 진짜 쉬운 일은 아니구나.'라는 생각을 했었어요.** 이제 먼 과거, 이를테면 2017년에 했었던 다산 정약용 이야기를 담은 〈다산 다정도 하도할사〉 같은 작품을 할 때는 우리가 픽션으로 창조 할 수 있는 부분들이 어느 정도 있었고, 구한말, 일제강점기 같은 경우에는 인물에 캐릭터성을 부여 할 때 어떤 프로타입을 만들어서 연기를 할 수 있는 부분들이 있는 것 같아요. 그런데 6·25전쟁 이후부터는 아직 생존자들이 있고, 더구나 5·18 같은 경우에는 겨우 40여 년 전의 과거이고 그 현장에 있었던 분들이 너무 많잖아요. 그리고 그분들이 실제로 공연도 보러 오시고 하다 보니, 어떤 인물에 대해서 만들어내고 접근해 나갈 때 어쭙잖은 배우의 상상력으로 시대상을 관객에게 전달하는 면에 있어서 왜곡되어서는 안 되는 어떤 부분이 분명하게 있는 거예요. 이런 점들이 작업을 하는 과정에서 어려웠던 부분들 같아요.

모두가 영웅이었던 것 같아요.

예전에는 오월 하면 제일 먼저 떠오르는 게 어떤 참혹함이었던 것 같아요. 인간이 인간에게 할 수 있는 가장 잔인하고, 권력이 인간에게 미치는 잔혹한 부분이 가장 먼저 떠올랐는데, 광주에 살고 오월을 밀접하게 접하면서 가장 놀라웠던 부분은 공동체 정신이더라고요. 이 공동체 정신으로 말미암아서 죽음마저도 두렵지 않은 어떤 의지가 사람들 사이에 존재 할 수 있었던 것 같아요. 지금도 오월 작업을 할 때 연출님께서 그런 질문을 해요. '나라면 그때 그렇게 할 수 있었을까? 그 열사들처럼, 도청으로 들어가신 분들처럼?'. 그 상황에 안 가봐서 모르겠지만 만약 그 공간에 같이 있으면서 그 상황을 공유했다면 같은 분노를 공유하면서 의식을 공유하지 않았을까? **'죽음조차 두려워하지 않는 대단한 힘들이 우리와 같은 평범한 일상을 사는 평범한 사람들한테서 나왔구나.'라는 생각을 많이 했었어요. 그래서 모두가 영웅이었던 것 같아요.**

이런이야기가 어떤 역사의 현장에 있던 사람의 증언이구나

제가 아직 역사 소재를 가지고 글을 써본 적은 없어요. 내년에는 한 번 도전해볼까 하는데 오월까지는 엄두가 안 나고 제가 가장 오랫동안 살았던 지역인 보성이나 벌교 쪽에서는 다루고 싶은 이야기들이 있어요. 예를 들어서 지금까지도 오월 작품들을 보면 도청으로 직접 들어가고, 싸우고 그 현장에서 있었던 어떤 이야기들이 많은데, 저는 한 공간에서 역사적 사건이 직접적으로 보이는 게 아니라 '아예 공간 바깥에서 일어나며, 역사적 사건에 초점을 맞춘 것이 아닌, 공간에 있는 인물들에 초점을 맞춘 작품을 써보고 싶다.'라는 생각을 했었어요. 어렸을 때 할머니가 '밤마다 산에서 내려와 마을에 음식을 얻으러 오고, 결국 문턱에서 누가 총 맞고 죽어서 피가 묻어있는데, 그 피가 잘 안 지워지더라.' 이런 이야기를 해줬었는데 지금와서 보면 그게 여순사건 때의 이야기더라고요. 그때 '이런이야기가 역사의 어떤 현장에 있던 한 사람의 증언이구나.'라는 생각을 많이 했어요. 할머니처럼 평범하게 일상이 유지되던 공간 속에서 일어난 믿을 수 없을 만큼 참혹한 역사적 사건들…. 언젠가는 도전하겠지만 오월작품 같은 경우에도 이런 식의 이야기를 써보고 싶다는 생각을 했었어요.

이제 좀 합쳐야지 살아남을 수 있는 시대 같더라고요.

저는 원래 사명감이 하나 있었죠. '문학성을 되살리자.'. (웃음) 근데 사실 연극도 문화운동 역사에 함께 궤를 같이하고 있는데, '희곡이 공연을 만들기 위한 아주 작은 부분 중 하나가 되어버린 것 같다.'는 생각도 많이 했었어요. 희곡도 엄연히 문학이고, 연극도

연극 〈질식〉 공연사진

문학 행위 중 하나라고 봐요. 그렇기 때문에 연극작업을 계속하고 있지만, 개인적으로는 문학적인 텍스트 상의 실험과 무대 위의 직접적인 표현으로써의 실험이 공존하는 작업을 많이 해보고 싶다는 생각을 했어요.

요즘엔 영상작업을 하고 있는데 단순히 연극을 올리고, 기록하는 식의 영상작업이 아니라 장르 간의 결합? 예를 들어서 **무용하는데 연극이 잠깐 도움을 준다는 개념이 아니라, 장르와 장르간의 협업을 통해서 하나의 결과물을 만들어 내는 작업들을 꿈꾸고 있어요.** 이제는 서로의 힘을 합쳐야 살아남을 수 있는 시대 같더라고요. 그래서 지금 사진작가, 영화감독, 무용가 등 서로 만날 일이 별로 없는 사람들을 팀으로 구성을 해 작업을 진행하고 있어요. 제가 연극이 가진 장점, 극적인 스토리텔링과 구성을 도와주면, 안무가가 여기에 맞춰서 동선이나 안무를 하고, 영상을 미장센적인 면에서 어떻게 구성을 할지, 카메라 배치를 어떻게 할지 이런 작업을 준비하고 있는데, 정신없이 진행되고 있어서 잘 만들어질지는 모르겠네요. (웃음)

양채은

미술이 무대에서 사용됐으면 좋겠다.

연극작업을 하게 된 계기는 좀 복합적인데, 원래는 정말 오랫동안 실기과에 가려고 준비를 했고 서울에 있는 사립대학교에 붙었어요. 근데 학비가 500만 원인 거예요. K-장녀 발동. 내가 그 대학교에 가면 우리 집이 망할 것 같은 거예요. (웃음) 그래서 '미술 이론 쪽으로 가더라도 실기과 수업을 같이 들으면 되니까 할 수 있지 않을까?' 하고 미술 이론학과를 갔는데 상상이랑 너무 달랐어요. 비실기 전공인 제가 실기 수업을 듣는 게 굉장히 이상한 일이었던 거예요. 항상 교수님이 제가 그림 그리는 걸 취미 정도로 취급을 하고 제 그림을 아무도 평가해 주지 않는 게 분한 거예요. 거기에서는 제가 그림을 그리는 게 되게 이상한 일처럼 되어버린 거죠. 그래서 '연극동아리에 들어가서 미술을 하면 나 혼자 미술을

이머씨브 씨어터 〈ALICE IN HERE : Gwangju〉 공연사진 ⓒ 이준호

할 수 있으니까 인정을 받을 수 있을 거다.'라는 마음으로 들어간 게 첫 번째 이유였어요. 두 번째로는 제가 고등학교 때 동경했던 친구가 있었어요. 그 친구가 연기 입시를 준비했는데 맨날 교실 뒤로 저를 불러서 현대 무용 하는 거 보여주고, 노래 부르고, 대본 리딩 하고 그런 모습이 되게 멋있어 보이는 거예요. 그래서 대학교에 가면 연극동아리에 꼭 들어가야겠다고 생각했어요. 그래서 전남대학교 인문대 연극동아리에 들어갔어요. 세 번째 이유는 제가 그림 그리는 건 되게 좋아했는데, 전시장은 재밌었던 적이 한 번도 없었어요. 전시장의 작품들은 가만히 앉아서 관객한테 말도 안 거는 것 같고 '나를 읽을 수 있으면 읽어봐.' 하는 느낌? 근데 연극을 보면서 '무대에 설치미술이 있고, 거기에서 배우들이 뛰어놀고 관객들이 그걸 보면 좋을 것 같다.'라는 생각을 했어요. 그래서 무대 미술에 관심을 가지게 되었고 이걸 계기로 연극 작업을 시작하게 됐어요.

5·18이 나의 일상처럼 느껴졌던 순간

제가 역사나 사회에 그렇게 관심 있는 사람이 아니었어요. 굉장히 안온하게 살고 있는 사람이었거든요. **광주에서 거의 평생을 살았고 5·18에 대해서 교육을 계속 받았음에도 불구하고 5·18 작품을 하고 공부를 하기 전까지는 5·18을 겪은 사람들이 다 죽었다고 생각을 한 거예요.** 그래서 영웅의 일이고 거대한 역사 같았던 5·18이 나의 일상처럼 느껴졌던 순간이 오기까지의 과정을 〈미래 기념비 탐사대〉에서 이야기하고 싶었어요. '역사를 기억해야 한다.'라는 말은 당연한 명제잖아요. 저도 '역사를 다시 되풀이하지 않기 위해서는 기억해야 합니다.'라고 자연스럽게 말하지만, 사실 내 일이 아닌 일에 대해서 왜 기억해야하는지 깊게 생각해 본 적은 없는 것 같아요. 그런데 작품을 준비하는 과정에서 '이게 역사책 속의 일이 아니라 항상 내 옆에 다른 형태로 살아있었는데 내가 못 봤던 거구나.'라고 생각했어요. 〈미래 기념비 탐사대〉는 '내가 이 연극의 관객이라면 어떤 생각을 할까?'라는 점을 가장 중요하게 생각했어요. 그래서 무지해 보일지는 몰라도 가장 솔직한 나의 생각과 상태를 드러내는 데 집중했어요. 무대 위에 서 있는 제 모습이 의식 있고 역사 공부를 많이 한 사람처럼 보이면 '아, 대단하다.' 이렇게 끝나버릴까 봐 '저는 원래 이랬는데요, 지금은 이래요.'라는 변화과정에 대해 이야기 하고 싶었어요.

청년들만이 할 수 있는 이야기가 있는 것 같아요.

〈미래 기념비 탐사대〉가 처음에는 다큐멘터리 연극이 아니라, 2700년에 "기억화석"이라고 명명되는 5·18 기념 비석을 발굴한 고고학 대학원생들이 기념물을 통해 그 안의 기억을 발굴해내는 내용의 연극이었어요. 그런데 〈미래 기념비 탐사대〉 드라마터그님이 '여러분의 이야기를 솔직하게 써보는 게 더 중요한 것 같다.'라고 이야기를 해주셨어요. 그래서 작품에 참여한 MOIZ팀원 4명이 초등학생 때부터 20대인 지금까지 5·18과 관련된 자기의 경험담을 쓰기 시작했고, 그걸 토대로 대본을 만들었어요. 그런데 그 대본을 연극으로 올리려면 본인이 무대에 서는 게 가장 타당한 거예요. 그래서 대본에 있는 배역을 하나 맡아서 무대에 섰는데 연기를 했다는 생각은 안 들었어요. 사실 '연극이다.'라기 보다는 PT를 발표하는 느낌이라고 해야 하나? 근데 90분 동안 '20대가 겪은 5·18에 대한 리서치 보고 발표회'를 한다고 하면 누가 재미있게 보겠어요. 그래서 '우리가 쌩쇼를 하더라도 이 사람들이 지루하지 않게 이야기를 만들자.'라고 생각했죠. 배우로 무대에 섰다기보다는 리서처나 경험자, 목격자처럼 법정에 증인 서듯이. 그런 느낌으로 무대에 섰어요. 근데 똑바로 서 있기, 조명 보고 눈 안 깜빡 거리기, 내 자리 잘 찾아가기. 이런 부분은 어렵더라고요. 이런 건 잘 못 했어요. (웃음)

사실 5·18에 대해서 말 할 수 있는 사람이 정해져 있는 건 아니잖아요. 그냥 청년이 할 수 있는 이야기가 있고, 청년이 아닌 사람이 할 수 있는 이야기가 있는 것 같아요. 공연 전에 내가 겪은 5·18 같은 건 너무 사적이고 세상에 필요 없는 이야기인 것 같아서 자신이 없었을 때가 있었는데, 〈미래 기념비 탐사대〉의 드라마터그님께서 '지금 여러분들의 나이대에만 할 수 있는 거다.'라고 이야기를 해 주셨어요. **사실은 되게 무책임하고, 어린 마음에서 하는 불평 어린 소리일 수 있는데, '꼭 필요한 이야기다.'라고. 청년들만 할 수 있는 이야기가 있는 것 같아요.**

'왜 어떤 기억은 보존이 되고 어떤 기억은 사라질까?'

〈미래 기념비 탐사대〉에서 무대 위에 분필로 큰 직사각형을 그리고 그 선을 따라 동그라미를 그려요. 그리고 그 선을 따라 돌아다니는 장면이 나와요. 무대 위에 분필로 그린 게 부루마블

다큐멘터리연극 〈미래기념비탐사대〉 공연사진 ⓒ 이강물

판인데, 부루마블을 보면 그 나라의 명소들이 칸마다 있잖아요. 〈미래 기념비 탐사대〉에서는 그걸 5·18사적지로 표현했어요. 원래 〈미래 기념비 탐사대〉가 2020년 3월에 공연이 올라가기로 했어요. 그래서 초안에는 적십자병원 인터뷰한 것까지만 있고 '잘 모르겠습니다!' 하고 끝났거든요? 근데 공연이 2020년 7월로 미뤄졌는데 그 공백 동안 5월이 있잖아요. 그 공백 사이에 청년들이 하는 5·18 공론장이 있었어요. 거기서 '같이 이야기해 보자.' 해서 참여했거든요. 그 공론장을 주최한 '제40주년 5·18민중항쟁기념행사위원회'에서 우리가 말하는 걸 듣고 '너희가 서울에 가서 청년 대표로 5·18 선서를 해라.'라고 하는 거예요. 근데 저희가 대표도 아니고 그때 코로나-19로 행사도 취소될 것 같고 이래서 '영상으로 하는 게 어때요?'라고 말을 했더니 '그럼 너희가 만들어라.'라고 하더라고요. 그래서 5·18기념행사 출범 선언문 낭독을 대체 할 수 있는 영상을 만들게 됐어요. 그때 외부인 출입이 금지된 사적지도 들어가 보고 직접 경험자들을 만나서 인터뷰를 할 수 있는 기회가 생기게 된 거예요. 직접 경험자들을 만나고 사적지를 돌아다녔던 경험이 저희한테는 생각을 자라나게 하는 되게 중요한 과정이었고, 그 과정을 '어떻게 담을까?' 하다가 부루마블처럼 사적지를 이렇게 왔다 갔다 하면서 돌아다니는 씬이 나오게 된 거죠. 무대 바닥에 크게 그려진 부루마블씬 자체가 다 광주인 거예요. 광주라는 도시는 5·18이 지나가지 않는 장소가 없는데 어떤 사적지는 보존이 되고, 어떤 사적지는 잊혀지고, 사라지고 하는 것들에 대해서 생각해 본 것 같아요. 도청은 부수고, 다시 짓고, 행사를 하는데, 505보안부대는 정말 중요한 사적지임에도 불구하고 농작물, 농기구를 보관하는 창고로 쓰고 있어요. 또 어떤 곳은 그냥 사라져서 비석만 남아있고 아파트가 세워지고 그랬어요. '왜 어떤 기억은 보존이 되고 어떤 기억은 사라질까? 그 기준이 뭘까?' 이런 걸 많이 생각하게 됐어요. 근데 사실 저희 입장에서는 사라지는 기억들이 훨씬 더 와닿는 거예요. 도망쳤던 사람들한테 더 감정이 이입되고…. 그래서 이제 '그런 주변부의 이야기가 필요하겠구나.'라고 생각했던 것 같아요.

온도차를 느꼈던 것 같아요.

처음에 5·18을 이야기한다고 했을 때 주변에서 '와, 대단하다.', '기특하다.'라는 반응이 대다수였어요. 서울에서 공연할 때도 친구들이 '서울에 가서 5·18을 꼭 알리고 와.'라는 말을 해주기도 했어요. 광주 사람들은 '아직도 타지역 사람들은 5·18에 대해서 오해하거나 모르고 있겠지?'라는 생각을 가지신 분들이 많아서 온도차를 느꼈던 것 같아요. 사실 처음에는 어디서 5·18을 이야기한다고 말을 못 하겠는 거에요. 또 '아, 이 정도로 칭찬받을 건 아닌데' 싶기도 하고. 그니까 저는 '꼭 5·18을 알려야지.' 이런 마음에서 한 게 아니라 화도 나고, 좀 짜증도 났고. 그 당시엔 분노가 더 컸으니까요. 근데 사실 저도 그런 말을 했어요. 연극동아리 후배가 시내에 나가서 5·18과 관련된 전단지를 나눠주고 있길래 '아이고, 기특하다.'라고 했거든요. 받는 사람 입장에선 '아, 아닌데.' 싶으면서도 그런 상황에선 기특하다고 말하게 되는 것 같아요.

쫓아오는 느낌이나 알 수 없는 죄책감에서 많이 벗어난 것 같아요.

예전에는 5·18 작품을 보고 나면 마음이 찝찝하고 내가 뭔가 해야 할 것 같은 마음이 있었는데 지금은 되게 개운하더라고요. 내가 할 수 있는 건 다 한 것 같다는 느낌? 쫓아오는 느낌이나 어떤 알 수 없는 죄책감에서 많이 벗어난 것 같아요. 그리고 옛날에는 '광주 = 5·18' 이런 게 되게 싫었어요. 근데 사실 광주에 있는 대다수의 사람들이 다른 형태의 5·18을 계속 겪어온 거잖아요. 저는 그게 5·18이 생물처럼 계속 변한다고 생각을 하고 있어요. 그래서 '이게 정체성일 수밖에 없구나.'라는 걸 이제는 좀 받아들이게 됐어요.

6장

극으로 마주하는 5·18민주화운동

놀이패 신명

넋풀이 (1983)

초연참여

제작 구성 및 연출 : 윤만식

원작 : 노래 Tape

출연 윤상원(혼), 박기순(혼), 무당,

윤상원母, 박기순 영동생,

윤상원 남동생, 주례

1982년 4월 소설가 황석영과 윤만식 등 10명이 윤상원, 박기순의 영혼결혼식을 노래굿 형식으로 만든 테이프. 박종화 감독 제공

기획의도

이 작품은 노래굿으로서 1979년 겨울 노동현장에서 일하다 숨졌던 고 박기순(당시 전남대 국사교육학과 3년), 1980년 5월 27일 도청에서 계엄군의 총탄에 맞아 장렬하게 숨을 거두었던 고 윤상원(당시 시민군 대변인) 열사의 영혼결혼식을 노래굿 형식으로 표현한 것이다.

나오는 노래

젊은 넋의 노래 (김종률 작사, 작곡)

음 사람들은 잊지 못하네

음 밝아오던 마지막 새벽하늘

음 우리들은 잊지 못하네

음 거리마다 울리면 그 목소리

젊은 넋은 애달프고 안타까워도

남과 북이 하나되듯 둘이서

하나되어 합쳐지소서

회상 (김종률 작곡)

교문이 보이는 야산에 올라

실없는 웃음만 흘리는 마음

허황한 책장마다 거짓만 가득

어깨를 구부린 친구들 모습

모두들 떠나버린 교정에 서서

도서관 흐릿한 불빛을 보며

차디찬 돌 담벽은 너무도 높아

사방은 캄캄한 어둠뿐이네

슬퍼하지 말아라 (김준태 시, 김종률 작곡)

슬퍼하지 말아라 오늘부터는

절망하지 말아라 오늘부터는

세상에서 사라지는 것들은

아무것도 없단다.

모양만이 다르게 변해보일뿐

슬퍼하지 말아라 먼 훗날에도

절망하지 말아라 먼 훗날에도

강물이 흘러가는 새 울던
아득한 옛날부터
하늘아래 남아있는
사람의 사람다움을

무등산 자장가 (김종률 작사, 작곡)

1. 아가아가 우리아가
   엄니엄니 불러봐라
   떡도사서 물려주고
   엿도 사서 물려주마
2. 높은데는 까치울고
   낮은데는 제비날고
   산천초목 여전한데
   너만 홀로 누웠느냐
3. 둥기둥기 무등산아
   날아가는 저 구름아
   구름밑에 신선인가
   일어나서 걸어봐라

에루야 에루얼싸 (김종률 작사, 작곡)

앞에서 끌어주고 에루아에루얼싸
뒤에서 밀어주고 에루아에루얼싸
우리모두 힘합하여 에루아에루얼싸
이 어둠을 밝혀보세 에루아에루얼싸

못오시나

산이 막혀 못오시나
물이 막혀 못오시나
산 막혀도 굽이 굽이
물 막혀도 철썩 철썩
울고 덮인 무덤 열고 메워지노니
넘쳐나는 물보라에 가슴 뛰노니
산이 막혀 못오시나
물이 막혀 못오시나
지금부터 우리들이 세워가리라
지금부터 우리들이 우리의 그리움
기다림도 서글픔도
작별하러 떠나가네

격려가

슬퍼하지 말아라 오늘부터는
절망하지 말아라 오늘부터는
세상에서 사라지는 것들은
아무것도 없단다
모양만이 다르게 변해보일뿐
슬퍼하지 말아라 먼 훗날에도
절망하지 말아라 먼 훗날에도
강물이 흘러가는 새 울던
아득한 옛날부터
하늘아래 남아있는
사람의 사람다움을

임을 위한 행진곡 (백기완 작사, 김종률 작곡)

사랑도 명예도 이름도 남김없이
한평생 나가자던 뜨거운 맹세
동지는 간데없고 깃발만 나부껴

새날이 올때까지 흔들리지말자
세월은 흘러가도 산천은 안다
깨어나서 외치는 끝없는 함성
앞서서가나니 산자여 따르라
앞서서가나니 산자여 따르라.

극단 토박이

잠행 (현 그들은 잠수함을 탔다) (1987)

연극 〈잠행〉 포스터. 극단 토박이 제공

초연참여

제작 극작·연출 : 박효선

출연 박효선(남1), 신동호(남2)

기획의도

1. 군사정권 치하에서 5월항쟁의 의의를 짚고 넘어가고자 하는 욕구가 있었다.
2. 우리시대 민중들이 누구나 지고 있을 멍에, 산 자로서의 빚 같은 것, 혹은 무거운 마음 등등을 한 번쯤 매만질 필요를 느꼈다.

줄거리

시작 음악이 끝날 즈음 어둠 속 멀리서 총소리가 들려온다. 일제 사격 소리. 총소리가 잦아지면서 희미하게 조명이 들어온다. 남1, 남2 잔뜩 숨죽인 불규칙적인 가쁜 호흡소리를 거푸 내며 운동을 하고 있다. 운동은 동작이 때로는 가뿐하고 때로는 힘차면서 무대를 가득 채우도록 진행된다. 신체의 여러 부위에 든든한 생명감이 돌아 흐르고 이러한 것이 숙달된 상태로 보여진다. 산만해졌다가는 모아지고 개별적이었다가 다시 한 동작으로 이어지면서 그 과정에서 건강한 동지애가 드러난다. 두 사람은 이러한 운동을 하며 짧막한 대사들을 암송하듯 낮게 외친다.

호랑이놀이2 (1987)

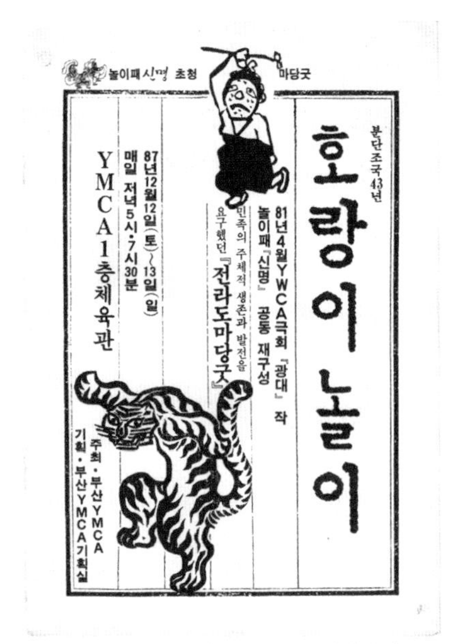

마당극 〈호랑이놀이2〉 리플렛. 놀이패신명 제공

초연참여

제작 극작 : 81년 YWCA 극회 [광대] 작
재구성 : 놀이패 [신명]

출연 팥죽할멈, 깽쇠, 포수, 호랑이,
망품, 분귀, 전귀, 금귀, 판돌이,
중돌이, 칼돌이, 금순여사,
막벗순, 박돌이, 제록스노

기획의도

전남 마당굿의 특질

어느 지역이든 그 역사적 사회적 조건에 조응하여 독자적인 삶의 양식과 문화가 형성되어 전체적으로 한반도의 민족문화를 이루지만 전남은 다른 지역과는 상당한 대조를 보이면서 소위 예술의 고장으로 독특한 문화를 형성해 왔다. 전남은 예부터 '전라도 개땅쇠'라는 표현으로 '못 쓰는 땅에 사는 자' '소외된 지역' 등의 의미로 정치·경제·사회의 모든 면에서 소외되어 왔다. 그러나 건강성을 고유의 생명력으로 지니고 있는 민중은 끊임없이 스스로의 감수성으로 자기 치유를 하기 위해 몸부림 쳐왔으며 이런 몸부림들이 갑오동학농민전쟁, 일제하 의병, 독립운동으로 계승, 발전되어오는 역사를 살펴볼 수 있다. 더욱이 최근엔 이 나라 운동사에 찬연히 빛나는 반외세 반독재투쟁으로서의 80년 봄의 역사로 귀결하지 않았는가! 따라서 '전라도 개땅쇠'란 표현은 이제 자기비하의 의미가 아니라 한국역사의 폭풍 속에서 시련을 딛고 꿋꿋이 싸워 나온 민족의 핵심적인 정신으로 다시금 음미되어야 한다.

전남의 마당굿은 이러한 인식 속에서 민중의 예리한 슬기로 갈아지고 참혹한 시련 가운데 달궈져 이젠 뚜렷한 민중적 예술양식으로, 삶의 무기로 굳게 자리 잡았다. 따라서 선남의 마당굿은 그 특질상 강력한 전투성을 띠며 이는 단순한 전복으로서가 아니라 칠 것을 단호히 치고 그리고 껴안는 화해와 일치의 민중성을 강하게 띠고 있다. 또한 일상의 삶에서 민중의 잠재된 운동역량을 역동화시켜 일과 놀이와 싸움의 통합과정을 보여주고 있어서 '민중적 전형성', '집단적 신명성', '상황적 진실성', '현장적 운동성'을 구비하고 있는 것이다. 또한 지역문화운동적 측면에서 지역이 당면한 제반 문제를 고유의 특수성에 입각하여 독자적인 표현양식과 내용으로 잘 표출하고 있다. 게다가 강한 현장성으로 문화가 지식인적 자기위안의 늪으로 빠져드는 것을 경계하면서 놀이를 통해 일을 회복하려는 소극적, 문화주의적 자세를 탈피하고 그들이 서로 한 순환 가운데서 통합되어지도록 노력하고 있다. 이러한 노력에 편승하여 일정한 고정관객을 지속적으로 확보해오고 있으며 관객은 단순한 관람자가 아니라 똑같은 상황과 마당에서 함께 숨 쉬며 살아가는 동시대인으로서 적극적으로 마당굿에 개입, 그 내용과 질을 높이고 있다.

마당극 〈호랑이놀이2〉 공연사진.
놀이패신명 제공

극작 및 연출의도

〈호랑이 놀이〉는 81년 5월 극회 광대가 80년 5월 항쟁까지의 현대 정치사를 다루었다는 점에서 대단한 의미를 지닌다.
호랑이놀이는 신제국주의 침탈 과정과 이에 대항하는 민중의 투쟁을 코커국이란 나라의 침략, 만만국이란 나라의 민중들의 투쟁으로 연암 박지원의 〈호질〉의 전통적 틀을 인용하여 만든 작품이다.
웃음을 통한 부정적인 사회현상을 날카롭게 폭로 비판하는 풍자로서 신 제국주의의 본질을 뚜렷이 나타내고, 이타거, 전귀, 분귀, 금귀 등의 인화된 부정 인물의 본질을 풍자적인 조소와 해학으로 폭로한 우화적 기법으로 재미를 한층 더하여 제국주의 침탈 과정을 탁월하게 표현하고 있다.

줄거리 및 마당별구성

무릇 생명 있는 것으로서 잡아먹히게 될 입장에 놓였을 때, 스스로 자기의 생명을 포기하고 내던져버리는 일은 없을 것이다. 그러나 그 생명이 개인의 것이 아니고 국가나 민족과 같은 집단의 생명일 때, 공동체의 운명에 대한 주체적 인식과 책임감은 약화되기 쉽다. 더구나 마취상태 속에서 서서히 잠식당하는 상황이라면.

이 극은 [만만국]을 요리해 먹으려는 탐욕스러운 코커국의 침략과, 이에 맞서 생존을 확보하고자 결집한 만만국 민중들의 투쟁을 그리고 있다.

마당판은 만만국의 영토이다. 그 안에서 코커국의 황제, 이타거의 무리들과 외세를 등에 업은 만만국의 매판세력, 그리고 민족적, 민중적이기에 전투적일 수 있는 만만국 민중들이 벌이는 갈등은, 그것이 우리 현실로부터의 공감을 동반하지 않는다면 한갓 무익한 우화에 불과할 것이다.

첫째마당

첫째거리에서는 코커국의 황제인 호랑이 '이타거'가 졸개인 분귀, 전귀, 금귀를 대동하고 판에 들어서서 만만국 백성들에게 입맛을 다시고, 졸개들은 각자 만만국을 효과적으로 요리해 낼 책략을 호언한다. 그들은 제국주의 문명의 표상이며 실제적인 식민의 촉수들이다. 전귀는 무엇이든 폭탄 한 방으로 해결을 보려하는 무력적 패권주의, 분귀는 퇴폐적 향락적 물질문화의 확산과 사대적 교육을 통해 먼저 [얼을 쏙 빼놓고] 민족정신을 부패시키는 문화적 식민주의, 금귀는 쇠푼으로 상징되는 금전만능주의, 경제적 제국주의의 표상이다.

이들이 분분하게 술책을 논하고 있을 때, 만만국의 민족적 저력을 상징하는 토착민중-팥죽할멈, 포수, 깽쇠-이 등장하여 구성진 언변으로 민족적 자존심과 전투적 주체정신을 과시한다. 이어 팥죽의 살풀이를 선봉으로 한판의 접전을 벌인다.

둘째거리에서는 접전 끝에 마당판을 점

(제223호)

大邱敎大學報

발행인 김종환
주간 김문웅
인쇄인 김용대
편집국장 이종호
<발행소>
대구시 남구 대명동 1797-6
대구교대학보사
<우편번호 613-14>

【1】시기 1987년 11월 3일 (화요일)

상록

무슨말이 필요하리
말보다 술로
이 투 모자의
울부짖음이 있는데,
어허라, 아들아, 내아들아,
에미의 저뜨거운 시선들을
알기나 하고 가느니

1987년 11월 4일 대구교대학보사에 실린 〈호랑이놀이2〉 기사. 놀이패신명 제공

령한 코커국의 이타거의 무리들이 호기롭게 만만국을 독식해가며, 만만국 내에 매판세력을 부식시킨다. 그리하여 칼돌이와 제록스노가 이타거의 하수심복으로 만만국을 통치하게 되는 것이다.

둘째마당

만만국에서는 이타거의 심복인 전귀, 금귀, 분귀가 낳아놓은 매판세력이 활개를 친다. 이들 식민자의 마름들은 매판자본가인 큰손여사, 외세를 등에 업은 군부를 상징하는 칼돌이와 제록스노 그리고 정신문화의 왜곡을 담당하는 딴돌이들로, 정치·경제·문화·교육의 모든 부문에서 환상과 허언으로 백성을 기만하고 무력으로 강압통치한다.

셋째마당

[저 놈이 죽든지, 아니면 우리가 다 한 구덩이에 잡아멕히든지] 라는 긴박한 상황에 대한 공동의 인식을 통해, 드디어 만만국의 민중들은 사생결단의 자세로 투쟁하고자 결집한다. 이타거의 능숙한 조종으로 세대교체를 하여 들어선 제록스노의 획기적인 선언도 더 이상 그들을 매혹시키지 못한다.
주체적 선도적 민중세력인 팥죽할멈과, 깽쇠, 포수가 먼저 이타거와 칼돌이의 무리와 접전을 벌이지만 패퇴하고 만다.
결국은 만만국의 백성들 모두가 자리를 박차고 일어나 노래하고 춤추며 온몸으로 싸우게 되는 것이다.

마당극 〈호랑이놀이2〉 악사 사진.
놀이패신명 제공

함께 부르는 노래

멍석몰이(강강수월래 중)

후렴 : 몰자 몰자 멍석몰자

굿거리 : 살판인지 죽을 판인지(후렴) / 단군님도 도와주고 녹두장군도 보살피소(후렴) / 우리 모두 힘을 합하여(후렴) / 모두 모두 살아보세(후렴)

삼채 : 몰아내세 몰아내세(후렴) / 파란눈 호랑이(후렴) / 군발이도 몰아내세(후렴) / 너도 살고 나도 살고(후렴) / 우리 모두 살길 찾세(후렴)

호랑이 사냥

호랑이호랑이호랑이호랑이호랑이 사냥을 나간다. / 전라도라 지리산으로 호랑이 사냥을 나간다. / 지리산 돌아 무등산 보고 금강산에 당도하니

〈후렴〉 호랑이 한 마리 어흥하더니 석자 코가 덜렁 / 어싸 어싸 어싸 호랑이 사냥을 나간다. / 어싸-- / 현해탄 건너 태평양으로 호랑이 사냥을 나간다. / 백두산 올라 후지산 보고 코커국에 당도하니

극단 토박이

금희의 오월 (1988)

1988년 예술극장 미리내에서 '민족극 한마당'에 참여했을 당시의 연극 〈금희의 오월〉 포스터. 극단 토박이 제공

초연참여

제작 극작 : 박효선
연출 : 토박이 공동연출
무대감독 : 백윤경, 정은주
음향·효과 : 송대웅, 정진화
조명 : 송태웅

출연 박효선, 신동호(아버지), 김민영(어머니), 노병갑(이정연), 김명순(이금희), 김성길(최씨),

김경희(나주댁), 서현희(장성댁),
임해정(무인댁), 송은정(보성댁),
임영남(강씨), 최관호(학생),
조철주(수습위장)

기획의도

작품 〈금희의 오월〉은 극단 토박이 6회 정기공연으로 마련된 창작극이다. 1980년 광주 오월 민중항쟁을 사실적으로 묘사하기 위해 5월 27일 마지막까지 도청 사수를 하시다가 산화하신 이정연 열사의 항쟁 모습을 극화시켰다. 그리고 극의 처음과 마지막 장은 현재 5·18유가족 협의회에서 투쟁하시는 이정연 열사 가족의 오늘날 모습을 그리고 있다.

줄거리 및 장별 구성

고 이정연 열사의 항쟁모습을 극화시킨 작품.

여는장

광주에 000가 온다는 이유만으로 이정연 아버지와 어머니를 경찰들이 연행해 간다.

본장

- 5월 18일 (1, 2장)
  어지러운 소문이 광주시내를 휩쓸고 정연은 그날 시위에 참가했다가 옷이 찢긴 채 집에 돌아온다.
- 5월 19일 (3장)
  정연은 아버지 일을 도우러 함께 시장에 나갔다가 공수의 몽둥이에 학생과 할머니(함평댁)가 살해당한 것을 목격, 그날 밤 집을 나간다.
- 5월 20일 (4, 5장)
  정연은 시민군에 들어가 투쟁활동에 참가한다. 날이 갈수록 악랄해지는 공수들의 만행을 묵시할 수 만은 없었던 시민들은 스스로 티켓, 프랑카드 주먹밥을 만들어 시민군과 합세한다.
- 5월 21일 (6장)
  사태가 불리해진 계엄군은 돌과 화염병만으로 싸우는 시민군의 가슴에 무차별 사격을 시작한다. 피흘리며 쓰러진 동지들을 보며 시민군은 무장을 결행한다.

1988年3月31日
光州의 5월 무대 오른다
극단 토박이, 신명 公演준비 한창
단원 대우문제 異見
'지방특색 살릴수있을까' 회의

1988년 '민족극한마당' 참여 당시 기사. 극단 토박이의 연극 〈금희의 오월〉과 놀이패 신명의 〈88일어서는 사람들〉의 내용이 실려있다. 놀이패신명 제공

- 5월 22일 (7장)

  그날은 총성이 들리지 않았다. 오직 기쁨의 함성만 있었다. 공수가 물러갔다! 계엄군이 도망쳤다! 우리는 광주를 찾았다! 아! 아! 해방이다! 해방.

- 5월 23일 ~ 5월 26일 (8, 9, 10, 11장)

  해방이 되어도 소식이 없는 정연을 찾아 정연네 식구들은 거리거리를 헤매다니고 한편 정연은 무기 회수를 하자는 수습위와 갈등을 겪으며 진정한 투쟁이 무엇인가를 깨닫는다. 해방의 기쁨은 잠시, 다시 계엄군이 쳐들어 온다는 소문이 나돌고, 시민들은 하나가 되어 쌀, 반찬, 성금을 모아 시민군에게 가져간다. 26일 정연은 끝까지 도청사수를 결심하고 마지막으로 부모님들을 뵙기 위해 집에 들어온다.

- 5월 27일 (12장)

  그날 새벽의 총성은 광주시민을 공포에

연극 〈금희의 오월〉 공연사진.
영상 〈오월광대 고 박효선 1999년〉 발췌

연극 〈금희의 오월〉 공연사진.
영상 〈오월광대 고 박효선 1999년〉 발췌

떨게 했고 가날픈 여인의 목소리는 광주시민을 숨죽여 울게 했다. 다음날 아침 거리엔 공수들 세상이 되어있었다.

- 5월 28일 ~ 5월 31일 (13장)

  아들의 생사를 확인할 길이 없는 정연의 부모님은 병원 상무대 등을 찾아 다니지만 찾지 못한다. 그날도 정연을 찾으러 나가려는 참 동사무소 직원이 정연의 시체가 망월동에 있으니 확인해 보라는 비보를 전한다.

닫는장

처절하게 죽어간 오빠를 생각하며 금희는 아직도 이 땅에 잡초를 키우는 저들을 향해 외친다. 오빠의 죽음은 헛된 것이 아니에요! 우리는 꼭 승리할거예요!!

88 일어서는 사람들 (1988)

1988년에 쓰인 〈88 일어서는 사람들〉 포스터.
그 위에 한희원 작가가 그림을 그렸다.
놀이패신명 제공

초연참여

제작 책임연출 : 김정희
진행 : 김도일
민요지도·작곡 : 정세연
그림 : 김경주
사진 : 김경빈
사물 : 오금용, 김용철, 이휘철

출연 주상기(양키1, 유족들),
김도일(양키2, 유족들),
신정호(오일팔), 김학진, 신정호,
김경희, 한종근(시민군, 유족들),
김창준, 김은희(시민군)

기획의도

이야기

80년 5월, 광주민중항쟁은 결코 지나간 과거의 사건이 아니다. 5·18은 지금 이 순간에도 계속되고 있고 앞으로도 계속 될 것이다 라는 명제를 가지고 있다. 다시 말해서 한반도 변혁운동의 한 연장선 상에서 80년 5월과 현재 그리고 미래는 총체적으로 파악되어져야 한다.

이제 우리는 감추어지고 조작되어진 광주민중항쟁의 진실을 하나하나 파헤치고, 이를 통해 생생한 사실적 경험을 바탕으로 한층 발전된 차원에서 민주주의를 열망하는 다수의 민중을 올바르게 인식시키고 깨워나가며 구체적으로 정치, 경제, 문화적 상황 속에서 5·18이 갖는 실천적 의미와 우리 운동의 새로운 방향을 도출해 내고 싸워나가는 것이 80년 5월이 갖는 현재적 의미일 것이며, 놀이패 신명은 마당굿 '일어서는 사람들'을 통해 실천적 방법론을 모색하고자 한다.

이 작품은 전체 다섯 마당으로 구성, 전라도 마당굿의 전형화에 노력했다. 역사와 사회로부터의 소외자 곱추과 곰배팔이의 만남, 그리고 그들의 삶을 토대로 아들 오일팔의 탄생과 성장, 그러나 구조적 운명으로 오일팔은 자신과 부모 형제와 이웃, 그들의 삶의 터전을 지키기 위해 총을 든다.
최후의 날은 다가오고…….
자식 잃은 곱추과 곰배팔이의 시련은 올바른 삶을 인식케 하는 계기를 마련하고 그들은 새로운 힘과 단결로 다시 일어선다.

극작 및 연출의도

〈일어서는 사람들〉은 80년 5월 광주민중항쟁을 한반도 변혁운동의 한 연장선상으로 파악하고 80년 5월과 현재 그리고 미래를 이야기한 작품이다.
그 동안 숱하게 5월은 시, 소설 그리고 많은 극으로 거론되어 왔지만 대부분 현장재현의 의미, 아픔의 되새김뿐이었다.
〈일어서는 사람들〉은 80년 5월에 머물러 있기를 단호히 거부하고 극복의 차원을 넘어 미래의 5월을 제시한다.
특히 이 작품은 극의 전 과정을 역동적인 춤과 노래로 상징화시켜 보여준다. 이 춤과 노래는 관념적인 것이 아니라 구체적인 삶의 한 단면으로 결코 이해를 강요하지 않으며 우리의 원초적인 감흥을 불러일으켜 그대로 우리들 가슴에 5월의 힘을 심어 놓았다.

마당극 〈88일어서는 사람들〉 중 꽃춤.
놀이패신명 제공

줄거리 및 마당별구성

첫째마당
꼽추여인과 곰배팔이가 만나서 결혼을 하고 오월 열여드레에 사내아이를 낳아 오일팔이라고 이름을 짓는 일반적인 삶을 신명난 춤으로 그려낸다.

둘째마당
5·18 전후의 상황을 양키 마당으로 성조기 가면을 쓴 자와 반나의 군인이 등장하여 한반도의 주도권을 쥔 자와 미국과의 야합과정을 광란적으로 묘사한다.

셋째마당
단순한 사건일지의 나열이 아닌 5·18의 발단을 극명하고 빠른 장면으로 표출시킨다.

넷째마당
언로가 완전히 차단된 상태에서 죽은 아들 오일팔을 찾아 헤매는 극한 상황과 결국 시신을 확인하는, 자식을 잃은 곱추와 곰배팔이의 시련을 보여준다.

마당극 〈88일어서는 사람들〉 중 곰배팔이와 곱추. 놀이패신명 제공

다섯째마당

광주민중항쟁을 체험한 사람들의 고난과 슬픔을 북춤으로 대변해주면서, 올바른 삶을 인식케하는 계기를 마련하고 새로운 힘과 단결로 다시 일어서자는 결의를 담은 이름하여 일어서는 마당이다.

놀이패 신명

어머니! 당신의 아들 (1990)

마당극 〈어머니! 당신의 아들〉 리플렛. 놀이패신명 제공

초연참여

제작 연출 : 김도일
기획 : 김창준

출연 김도일(사장, 간부), 한종근(광한), 황의민(영길), 박강의(벌교댁), 추말숙(농촌아낙, 노동자), 윤봉란(아낙), 임견이(농성판여인), 조인배(노조위원장), 이진, 이계영(노동자), 유종환(간부), 김태훈, 이경진(악사)

줄거리 및 마당별구성

농성은 10일째를 접어들게 되고 전쟁처럼 닥쳐 온 생활고로 광한과 영길은 걱정이 크다. 그러나 임금협상에서 사장의 민주노조 와해공작은 교묘하고 악랄하기 이를 데 없어 결국 협상을 결렬되어 노동자들은 재농성에 돌입하게 된다. 회사 측에서는 노조원 등 가족에게 현재의 노조와 농성에 대해 갖가지 악선전을 하고 가족들을 회유하여 사업장 내의 농성자들을 분열시키려 한다. 회사 간부와 함께 광주에 올라온 광한의 어머니 벌교댁은 농성장에서 노동자의 가족과 이야기를 통해 광한의 행동은 조금은 이해하게 되지만 농성자들의 가족들에 대한 백골단의 폭력에 크게 다친 아들을 보자 오열을 내뱉는다. 그 후 시골에 내려온 벌교댁은 농축산물 수입저지를 위한 마을 회의에서 조금씩 적극적인 참여를 하게 된다. 한편 해고된 광한과 영길은 동료들과의 술자리에서 복직투쟁 및 다른 사업장과의 연대 투쟁을 논의한다. 바로 광한과 영길은 출근투쟁을 하기로 하고 야밤에 사업장에 잠입했으나 반장에게 들키게 되고 구사대에 의한 폭력에 영길이 죽음을 맞게 된다. 회사측은 광한에게 영길의 죽음을 문제화시키지 말 것을 회유하고 협박한다. 그러나 80년 5월 민중항쟁을 참여한 노동자로서, 이 땅의 노동자로서 진정한 노동자의 공동세상을 위해 모든 유혹과 갈등을 극복하여 동료들과 함께 재투쟁에 들어가게 된다.

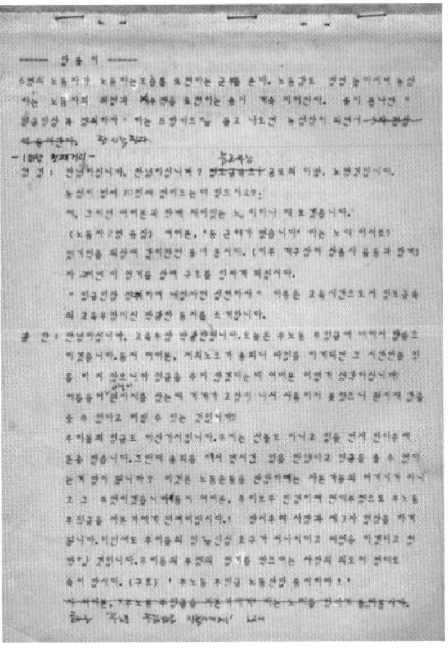

마당극 〈어머니! 당신의 아들〉 대본사진. 놀이패신명 제공

앞풀이

쉴새 없이 기계처럼 일하고 착취 당하는 노동자들의 모습을 춤으로 형상화한다.

첫째마당

첫째거리 : 농성 10일째에 돌입한 은성금속 노동자들은 장기농성의 어려움을 극복하기 위해 각종 문화프로그램 및 무노

동 무임금 교육을 실시해 자본가의 기만술책을 선선, 폭로한나. 사상의 3자협상 제의에 따라 회의에 들어가지만 노조위원장에 대한 사장의 협박과 회유로 부당한 조건에 합의하게 된다. 이에 전체 노조원들의 반발과 설득으로 회사측과의 부당합의를 최소하고 재투쟁을 다짐한다.
둘째거리 : 광한의 어머니 벌교댁을 중심으로 밭에서 일하는 시골 아낙들의 세상 이야기가 오고가는 중에 광한의 회사 간부가 찾아와 벌교댁에게 광한의 농성참여 저지를 위한 갖은 회유와 협박을 늘어놓는다.

둘째마당

첫째거리 : 광한이가 다니는 공장의 농성장 입구에서 농성자들의 신변을 걱정하며 모여든 가족들이 사장의 부정비리를 속속들이 알게 되고 농성자들에 대한 이해를 달리하게 된다. 하지만 농성장에 투입된 백골단 구사대의 폭력에 의해 농성이 강제 해산되어진다.
둘째거리 : 백골단 구사대의 폭력에 의해 광한이 마저 중상을 입게 되고 벌교댁은 걱정이 태산같다. 이에 시골로 데려가려는 모친과 광한은 갈등하게 되지만 결국 광한은 모친의 염려를 누그려 뜨리고 아픈 몸으로 다시 회사에 출근한다.

마당극 〈어머니! 당신의 아들〉 공연사진.
놀이패신명 제공

셋째거리 : 자본가들의 경제정책과 이에 대응해 투쟁하는 노동자들의 입장이 보여진다.

셋째마당

첫째거리 : 파행적인 농업정책과 농축산물 수입개방에 따른 농민의 생존권이 박탈당한 상황에서 벌교댁이 사는 마을에서도 이에 대한 공동대책을 논의하고 며칠 후 농민궐기대회를 개최하기 위해 마을 전체가 부산하다.
둘째거리 : 광한과 영길은 출근투쟁의 일환으로 몰래 회사에 잠입하여 일을 벌이려 했으나 반장에게 들켜 실랑이를 벌이려는 중 구사대의 폭력에 영길은 죽음으로 당한다.
셋째거리 : 영길의 죽음 앞에서 광한은 80년 5월 당시의 공동체적인 광주의 모습과 노동자들의 투쟁을 회상하며 5월 항쟁의 정신을 되새겨본다.

넷째마당

자본가들은 광한과 모친인 벌교댁을 번갈아 가면서 영길의 죽음을 은폐해 줄 것과 농성을 즉각 중단해 줄 것을 요구하며 온갖 협박과 회유를 일삼는다.
하지만 광한은 동료들의 격려와 어머니의 충고에 힘입어 자신의 나약한 모습을 극복하고 끝까지 투쟁할 것을 다짐하고 일어선다.

극단 토박이

모란꽃 (1993)

1994년 연극 〈모란꽃〉 포스터. 극단 토박이 제공

초연참여

제작 극작·연출 : 박효선
출연 신동호, 서현희, 임해정, 강진희, 김영환, 박종민, 손소영

기획의도

80년대 군부정권 당시 시대의 아픔을 겪은 이현옥이라는 한 개인의 삶을 조명한 작품이다. '트라우마'에 주목하여 심리극 형태를 띈다.

줄거리

가정주부인 이현옥은 5월만 되면 입안이 헐고 온 몸에 힘이 빠지고 소름이 돋는 한기를 느낀다. 잠을 자다가 남편의 뺨을

1994년 연극 〈모란꽃〉 공연사진.
극단 토박이 제공

때리기도 한다. 그녀는 광주민주화운동 당시의 충격과 그 후의 조사과정중 신체적, 정신적 상처로 인해 심한 심리질환을 겪고 있다. 정신과 전문의의 소개로 만난 심리학 교수와 함께 심리극을 하게 되면서 그녀는 비로소 건강한 인간으로 돌아오고 5월 정신의 계승을 위해 열심히 살아갈 것을 다짐한다.

극단 토박이

그대에게 보내는 편지

(부제 들불의 초상) (1995)

연극 〈그대에게 보내는 편지〉 포스터. 극단 토박이 제공

초연참여

제작 원작 : 홍희담
각색 : 토박이
연출 : 박효선

출연 신동호, 임해정, 송은정, 양수근, 강진희, 나창진, 심효정, 류지돌

기획의도

홍희담 그대에게 보내는 편지 원작소설을 박효선이 각색하고 연출한 작품

극단 푸른연극마을

못다부른 그해 오월의 노래 (새)

(현 그해 오월의 진혼곡 새) (1997)

초연참여

제작 극단 코모 (푸른연극마을 전신)
공동구성

출연 나인호, 문진희, 이당금, 이현기, 김영찬, 류성현, 오성완, 강송희, 이경진, 김상재, 김선종

기획의도

1980년 5월 18일.
…그날은 일요일이었다….
몹시도 5월의 푸른 하늘이 싱그럽던 날.
고향에 쌀을 가지러 내려간 누나를 마중

하러 시외버스 터미널에 갔었다. 그런데…. 많은 얼룩무늬 군인들이 얼굴에 검정 칠을 하고 소총에 달린 대검을 닦고 있었다. 그리고 거리에 군용트럭이, 소총을 든 군인들을 싣고 오갔다. 비명소리가 들렸다.

많은 사람들이 묶인 채 트럭에 실려져 있었다.

그때 나는 고등학교 2학년이었다. 그로부터 50여일간 학교에 가지 못했다. 쌀이 떨어지고, 차가 끊기고, 라디오 방송이 중단되고, 전화가 끊기고… 도청으로, 금남로로, 광주공원으로… 떠돌고 떠돌았다.

피흘림… 너울거리던 깃발… 총성…

도무지 걷잡을 수 없는 방황이 시작되었다. 그러다가 연극반에 들어갔다. 나의 연극은 그렇게 시작되었다. 그러니까 80년 5월은 내 정신의 진원지인 셈이다.

그리고 18년이 흘러버린 지금… 처음으로 그때의 이야기와 만난다.

참으로 처음이다. 소위 [민족극] 단체들을 제외한 광주의 극단들이 그 어떤 이유에서든 정면으로 다루기를 피해왔던 그 해 오월의 이야기…

다른 이야기도 아니고 바로 우리가 살고 있는 땅에서, 가장 최근에 있었던 이야기인데…

남들은 그런다. "또"냐고… 남들은 그런다. "그런 것 무대 위에 올리면 관객들이 오겠느냐"고… 왜일까? 벌써 잊혀진 것일까? 나하고는 직접 상관 없다고 망각시켜버리고자 하는 것일까? 동학이야기… 일제시대의 이야기… 6·25 이야기는 퍽도 잘 이야기 하는데… 왜 일까?… 광주에 살면서… 스스로 거쳐 왔으면… 남의 이야기도 아닌데… 우리들 모두가 피해자인데…

〈새〉는 이러한 생각들이 바탕이 되었다.

연극 〈못다부른 그해 오월의 노래(새)〉 공연 사진. 극단 푸른연극마을 제공

줄거리

가는 대로 내버려 두고 되는대로 내팽개칠 수 없는 것이 있다면 그건 무엇일까? 살아 있다면, 진정 살아 있다면…

결코 잊어버릴 수 없는 건 풀지 못한 피맺힌 역사이리라.

80년 오월 당시 진압군이었던 한 남자가 안락하고 온전한 일상에서 우연히 발견

된 한 장의 주민등록증으로 인해 운명보다 더 깊은 오월의 아픔으로 빠져 들면서 밀려올라 온 상처투성이의 또 다른 남자.
그 해 오월, 두 남자! 그 참혹한 비극을 끄집어내어 끝내 지워지지 않는 직접적인 아픔이 그들을 둘러싸고 있는 간접적인 고통과 파괴까지 계속 되는데…
흐르는 게 비단 세월뿐이랴. 또 그 세월이 흐른다고 그냥 가지만은 않는다.
우리들의 날개가 있다면…
퍼덕거리자 끊임없이…

놀이패 신명

97일어서는 사람들 (1997)

초연참여

제작 극작 : 신명 공동창작
연출 : 박강의
안무 : 신명 공동안무
소품 : 김정훈
의상 : 지정남
음향 : 오경복
기획 : 오경복

출연 박강의(곱추), 손재오(곰배팔이), 장호준(오일팔), 조미연(아짐), 지정남(양동댁), 김현경(나주댁), 표광미(아짐), 정찬일(유윤기)(고등학생), 강혜림(송영미)(새댁), 문새길, 김오준, 조미연, 김정훈, 지정남, 김현경, 표광미, 강혜림(송영미), 나양채(이만영)(시민군), 임철(이상호, 김종일)(쇠), 문관수(김선정)(장구), 이방수(백민)(북), 강혜림(추말숙)(징)

기획의도

갑오농민전쟁, 광주학생독립운동, 5월 광주민주화운동으로 이어지는 광주, 전남 지역 민족운동 역사는 작품의 원초적인 토양이 되어 '살아 움직이는 민중의 전형'을 창출하여 이 시대의 주인으로서의 우리의 모습을 담아내었다. '일어서는 사람들' 작품 또한 이러한 역사적인 흐름 속에서 5월의 정신을 현재적으로 재조명하고 혼란한 이 시대를 살아가는 우리 모두의 삶의 지표를 새로이 확인하는 작품이고자 한다. 작품의 가장 큰 특징이라고

마당극 <97 일어서는 사람들> 공연사진.
놀이패신명 제공

할 수 있는 것은 집단적인 신명성과 역동성이 조화를 이룬 '전라도 마당굿'의 전형을 이룬다는 점이고 작품 곳곳에 나오는 집단무 속에서 이러한 신명성을 확인할 수 있다. 20여 년의 활동 속에서 축적해온 대중들의 다양한 표현방식들을 작품에 살려내어 현실에 살아 움직이는 극중인물과 질펀한 전라도 사투리는 관객들에게 친근함과 큰 감동을 전달하고 토속성이 강한 재담이나 곰배팔이와 곱추, 그의 아들 오일팔로 형상화되는 극중 인물 설정으로 전라도 마당극 표현방식의 전형성을 잘 나타내고 있다.

줄거리 및 마당별구성

첫째마당 / 왔네왔어, 봄이왔어

만물이 약동하는 5월, 팔도라 금수강산 이 산 저 산 새소리 높고 이 골 저 골 개나리 진달래꽃으로 곱게 물든 호시절이라. 나물 캐는 처녀들의 콧노래에 나무하는 총각들 가슴 설레네. 큰 엉덩이 씰룩거리며 빨래 가는 곱추도 흥겹기만 하다. 불편한 몸이 빨래하다 문득 서럽기도 하지만 곱추의 가슴에도 어느덧 봄이다.

빨래터에서 만난 곰배팔이와 곱추가 정화수 한 그릇 떠놓고 동네사람들 축복 속에 혼례를 치루고 산고의 고통 끝에 아들이 태어나는 장면까지 흥겨운 집단무와 개인무로 보여진다. 관객과 함께 아들의 이름을 지으며 즐거워하던 곰배팔이와 곱추는 즐거움도 잠깐 먹고 사는 일이 걱정이다. 하지만 산자락 자갈밭을 갈러 가는 두 사람의 목소리는 희망차기만 하다. 땅과 세월은 거짓이 없다던가. 들판에 뿌린 씨앗은 온갖 비바람을 이겨내 열매를 맺고 농군들의 정성 어린 보살핌으로 온 들녘은 황금물결일세, 우리농부 풍년가 한 대목에 아이들 웃음소리도 드높다.

둘째마당 / 해방광주 만세

민주화의 봄 80년 5월. 전국은 민주화의 열망으로 들끓기 시작한다. 광주시민들의 5월투쟁을 시작으로 진행과정을 구체적인 춤으로 형상화시켜 보여진다. 또한 광주시민들의 공동체적인 삶이 집단춤과 구체적인 장면으로써 보여진다.

셋째마당 / 꽃아꽃아 아들꽃아, 오월의 꽃아

도청의 마지막 밤. 시시각각 좁혀오는 계엄군의 포위망을 온몸으로 느끼며 도청에서의 마지막 밤을 준비하는 시민군들 사이에 일팔이의 얼굴도 보인다. 끝나지 않은 싸움을 당부하며 어린 학생과 여자들을 내보낸 시민군들은 최후까지 모두의 바램을 안고 민주화의 제단앞에 장렬히 산화한다. 탱크를 앞세우고 중화기로 완전 무장한 계엄군 군화 발에 우리의 꿈과 희망이 무참히 짓밟히는데는 10분도 채 못 걸렸다.

에필로그 / 죽음을 넘어! 시대의 아픔을 넘어!

아들의 죽음을 딛고 일어선 곱추와 곰배팔이는 망자의 한을 달래는 굿 의식을 통해 병든 육신이 정상인으로 돌아오며 살아남은 사람들과 함께 5월정신을 지켜나갈 것을 결의하는 힘찬 북춤이 울려 퍼진다.

마당극 〈97 일어서는 사람들〉 공연사진.
놀이패신명 제공

함께 부르는 노래

내가슴 속에 살아있는 넋

어떤 사람은 이렇게 말하고
어떤 사람은 저렇게 말해도
내 가슴속에 살아있는 넋
지울수 없네 지울수 없네
꽃피는 오월에 핏빛꽃 되어
목 잘리고 총에 맞고 꺾이고 꺾이던
민주벌판에 살아오누나 살아오누나
이제는 울지 않으리 울지 않으리
어떤 사람은 이렇게 말하고 어떤 사람은 저렇게 말해도
내 가슴속에 살아있는 넋 지울수 없네 지울수 없네
지울수 지울수 지울수 없네

꽃아 꽃아 (김정희 작사, 정세현 작곡)

꽃아 꽃아 아들꽃아 오월의 꽃아꽃아
꽃아 아들꽃아 다시 피어라

1. 모진칼에 너의 넋이 쓰러졌어도
   꽃아 꽃아 아들꽃아 다시 피어나라
2. 금남로에 너의 넋이 쓰러졌어도
   꽃아 꽃아 아들꽃아 다시 피어나라
3. 우리 누나 고운넋이 쓰러졌어도
   꽃아 꽃아 아들꽃아 다시 피어나라

일어서는 사람들 (김정희 작사, 정세현 작곡)

굿거리
일어나세 일어나세 우리는 일어서는 사람들
일어나세 일어나세 우리는 일어서는 사람들
꽃들이 졌다고 오월이 갔다고
생명이 끊길손가 오월이 잊힐손가
자진모리
일어나세 일어나세
우리 모두 함께 억압 착취 떨쳐버리세
일어나세 일어나세
우리 모두 함께 억압 착취 떨쳐버리세

일어나세 일어나세
우리 모두 함께 일어나세

극단 토박이

청실홍실 (1997)

연극 〈청실홍실〉 포스터. 극단 토박이 제공

초연참여

제작 구술 : 김순자
극작 : 박효선, 송은정
기획 : 강진희
음악 : 이지수
장치 : 박종민
무대감독 : 김경순
연출 : 박효선
조연출 : 신동호

출연 서현희, 임해정, 나창진, 이지연

기획의도

단란했던 한 가정이 80년 오월을 겪으며 처참히 파괴되어 가는 과정을 형상화하고 있습니다. 그날, 오월 역사의 소용돌이 속에 휘둘려진 인간의 운명에 대한 동시대인들의 망각을 일깨우고자 합니다.

줄거리

김순덕은 1남 2녀의 자녀를 두고 식당을 운영하며 살아가는 중년의 여인이다. 어느 날 그녀에게 남편의 후배가 찾아온다. 그녀는 남편의 후배에게 자신이 살아온 이야기를 풀어놓는다. 김순덕은 5·18이 일어나기 전 남편의 빈민운동과 야학활동을 도우며 힘들지만 행복한 가정을 꾸리며 살았다. 80년 5·18이 일어나고 오월항쟁지도부 기획실장으로 활동한 남편은 27일 도청에서 잡혀 고문을 받다가 자살을 시도한다. 그 후, 후유증으로 정신질환을 앓은 남편과 세 아이를 키우며 고난의 세월을 살아왔다. 시간이 흘러, 아이들은 잘 커가고 있지만 남편의 병은 점점 악화되어 가고 있다. 하지만, 김순덕은 밝고 따뜻했던 남편의 모습을 기억하며 꿋꿋하게 살아 갈 것을 다짐한다.

극단 푸른연극마을

오월의 신부 (2003)

초연참여

제작 원작 : 황지우
연출 : 오성완

출연 양태훈, 김종필, 김은광, 박영진, 이경진, 김선종, 백신진, 김진준, 이건영, 오성완, 김정은, 최준배, 임대혁, 이소영, 김현수, 채윤정, 김미림, 양유승, 정봉관, 임혜련, 강명준, 윤선아

기획의도

광주 5월 정신을 계승하는 작업, 광주의 5월 어제, 오늘을 뛰어넘어 역사의 영원성을 확보하고 기리 숭고한 정신적 가치로 자리 매김 시키기 위해서는 무엇보다도 예술적 형상화 작업이 중요하다라는 데에 모두가 공감하면서도 선뜻 그러한 작업이 이루어지질 않고 있습니다.
이에 푸른연극마을은 주변의 환경에 기대지 아니하고 스스로 5월 연극의 대중성 확보와 이를 통한 장기 레퍼터리, 문화상품화라는 목표를 지니고 지속적인 5월 연극의 무대화 작업에 매진코자 합니다.

연극 〈오월의 신부〉 공연사진.
극단 푸른연극마을 제공

줄거리

1980년 5월 15일. 서울역에서는 계엄반대 집회가 벌어지고 있고, 광주 도청 앞에서는 강혁이 시위를 주도하고 있다. 광주 광천동에서 3년째 들불야학을 운영해 온 허인호와 오민정은 노동자들과 어울려 즐거운 축제를 벌이고 있었으나, 이들의 축제는 시내에 계엄군 공수부대가 시민들을 학살하고 있다는 소식으로 열리지 못한다.
장신부는 강혁에게 사태가 위급하니 피신을 권유하고, 강혁은 떠나기 전 오민정에게 자신의 보답 받을 길 없는 사랑에 대해 말하지만, 오민정은 그를 동지로서 존경하고 있을 뿐이다.
금남로에서는 공수부대에 의해 대대적인 학살이 자행된다.

들불야학 학생으로 늘 말이 없던 혜숙이. 김현식을 마중 나갔다가 무참하게 죽는다. 적십자 병원은 사상자들로 가득 차 지옥을 방불케 한다. 이날 낮, 허인호와 김현식, 오민정은 풍비박산이 난 녹두서점에 모여, 그들이 무엇을 어떻게 해야 할 것인지 고뇌한다.
김현식은 시민들의 우상이 되어버린 강혁 대신 그의 이름으로 투사회보를 만들고, 오민정은 마이크를 잡고 광주시민들 앞에서 가두방송을 한다. 계엄군은 시위대를 향해 무차별 집단발포를 하고, 시민들은 자위 차원에서 무장을 시작한다. 계엄군이 퇴각하고, 시민들은 해방감을 만끽하지만, 광주의 해방은 곧 그들의 고립되었음을 의미하는 것이었다. 도청을 사수하고 있던 시민군들도 불안해하기 시작한다.
피신해있던 강혁은 김현식에게 나타나 투사로서 잃어버린 자신의 이름을 되돌려 달라고 한다.
그러나 오히려 김현식은 강혁에게 민정을 데리고 도청을 떠나도록 종용한다. 한편, 장요한 신부는 김현식에게 무고한 시민들이 더 이상 희생되지 않도록 하기 위해서 총을 거두자고 설득한다.
김현식은 도청에 남은 시민군들 중 여자들과 어린 학생들을 내보내고, 허인호는 장신부에게 다이나마이트의 뇌관을 뽑은 자신의 실수로 사람들을 죽게 되었다며 고해성사를 한다. 이어 강혁과 함께 피신시켰던 오민정이 다시 도청으로 들어온다.
두 사람은 더 이상 회피할 수 없는 서로의 사랑을 확인한다.
두 사람은 시민군들에게 둘러쌓인 채 장신부의 집전 하에 혼배성사를 치른다.
이제 도청 상공에 헬기가 뜨고, 탱크가 진입하기 시작한다. 김현식은 장신부를 도청에서 내보내고 오민정은 시민들에게 보내는 마지막 가두 방송을 한다. 그리고 그들은 공수부대원들의 총에 맞아 산화한다.

그로부터 20년 후,
장신부 앞에는 도청에서 살아남아 미쳐버린 허인호가 있다.
장신부는 자신이 살아남게 된 것에 대해 자책하며, 괴로워한다.
허인호는 '사람은 죽는 것이 아니라, 다만 잠자는 것이다'라며 다른 사람의 죽음을 인정하지 않고, 장신부는 그런 허인호를 바라보며, 일평생 순교를 꿈꾼 자기대신 미쳐버린 허인호가 성자임을 고백한다.

극단 푸른연극마을

꿈, 어떤 맑은 날 (2004)

음악시극 〈꿈, 어떤 맑은 날〉 포스터.
극단 푸른연극마을 제공

초연참여

제작 구성·연출 : 오성완

출연 이당금, 박영진, 이경진, 정일행, 백신진, 조경란, 박윤미, 김관수, 박영훈, 임후중, 신승훤, 김우석, 성민상, 송지해, 차태환, 김창훈, 윤선아, 장승원

기획의도

푸른연극마을에서는 광주민중항쟁 24주기를 기리는 마음으로 5월 복합음악시극 〈꿈, 어떤 맑은 날〉을 준비했나.

〈꿈, 어떤 맑은 날〉은 드라마적인 요소와 더불어, 음악, 노래, 소리, 퍼포먼스, 무용, 연주 등 다양한 장르와 함께 처음으로 시도되는 시극 퍼포먼스이다.

〈꿈, 어떤 맑은 날〉은 5월 시를 중심으로 시간대별로 광주항쟁의 흐름을 진행해가면서, 5월의 이야기를 보여주고, 들려주고, 느끼게 해주는 작품이다.

음악시극 〈꿈, 어떤 맑은 날〉 공연사진.
극단 푸른연극마을 제공

극단 토박이

상중 (현 마중) (2008)

연극 〈상중〉 리플렛. 극단 토박이 제공

초연참여

제작 원작 : 박정운

재구성 : 토박이

연출 : 임해정

출연 송은정, 박정운

기획의도

국립 5·18묘지 한쪽엔 행방불명자를 위한 묘가 있다. 죽었으나 찾지 못한 시신들.
현재 그들의 가족에겐 아직도 상중(喪中)이라는 상황에서 출발했다.
세월은 역사 속에서 사라진 수많은 사람을 잊게 만들지만
그 가족은 죽는 날까지 그 사람을 기억하며 기다린다.
5·18은 역사적 사건으로만 존재하는 게 아니라 지금도 해결되지 않은 현재 진행형이다.

줄거리

삼례는 남편을 일찍 잃고 혼자서 아들 영식을 키웠다. 영식은 가난한 살림에 제대로 공부도 못하고 일찍부터 돈을 벌어야 했다. 그렇게 소원하던 집을 장만하고 그럭저럭 살만해질 무렵,
그 해 오월, 초파일 절에 가기로 약속하

연극 〈상중〉 공연사진. 극단 토박이 제공

고 장사를 떠난 영식은 돌아오지 않는다. 28년이 지나도록!
삼례는 손자 기태와 살면서 아들을 기다린다. 기태는 아버지를 하염없이 기다리는 할머니가 답답하다. 그런데 동네가 재개발 되면서 이사를 가야만 한다. 삼례는 기태의 성화에 이사 준비를 하지만 영식이가 돌아올 것 같아 마음을 못 잡는데…

놀이패 신명

금남로 사랑 (2009)

초연참여

제작 연출 : 박강의

기획의도

한반도 남녘땅. 광주, 1980년. 국가가 자행한 폭력으로부터 가족과 스스로를 지키기 위해 저항하였던 그때로부터 벌써 30년이 되어간다.
5월 18일은 국가 기념일이 되었고, 당시 폭도 극렬 용공분자로 낙인 찍혀 무참히 살해 되거나 구속되었던 광주시민들은 민주화운동 열사 또는 유공자가 되었으며, 눈물과 최루가스로 얼룩지곤 했던 망월묘역은 국립묘지가 되었다.
하지만 아직 이 땅은 수많은 폭력이 공공연하게 자행되고 있다.
우리 역사를 이끌어왔던 원동력은 무엇일까?
우리네 신산한 일상을 지탱해 주었던 것은 아픔과 눈물마저도 신명으로 승화시키고야 마는 삶의 지혜가 아닐런가.
이제 우리는 과거로서의 5·18이 아니라 미래로서의 5·18을 만나고자 한다. 그 고민의 시작으로서 이번 작품을 시작하고자 한다.

줄거리 및 마당별구성

첫째마당 / 나리마당
탈을 쓴 계엄군과 나리들의 희화된 모습을 통해 당시의 긴박한 정치정세와 국민들의 민주화의 요구를 형상화 한다.

둘째마당 / 주먹밥 마당
당시 죽음으로 저항하며 함께 만들었던 공동체의 활기찬 모습을 탈굿과 춤으로

마당극 〈금남로 사랑〉 공연사진.
놀이패신명 제공

표현한다.('일어서는 사람들'의 아줌마 마당)

셋째마당 / 진혼마당
이 땅의 모든 억울한 죽음을 위로하며 저승으로 천도하기 위한 진혼굿이 소리와 굿춤으로 표현된다.

놀이패 신명

언젠가 봄날에 (2010)

마당극 〈언젠가 봄날에〉 포스터.
놀이패신명 제공

초연참여

제작 극작·연출 : 박강의
안무 : 오세란
굿소리지도 : 윤진철, 김명자
작곡·음악편곡 : 김강곤
탈제작 : 황병권
의상 : 유은정, 김은숙
조명 : 박정운
소품 : 정이형
기획 : 나양채, 김주미
사진 : 이육호
영상 : 정광식, 강명현, 김용균, 정지훈
업무지원 : 한종철, 강다미

출연 김호준(백구두, 시민, 탈광대), 지정남(박조금), 정찬일(저승사자, 시민, 탈광대), 정이형(최호석, 시위대, 탈광대), 백민(간호사, 술집여자, 시위대, 시민군, 정옥 모), 김은숙(김정옥, 간호사, 탈광대), 김수진(술집여자2, 시위대, 시민군, 탈광대), 강문봉(노인, 시위대, 시민군, 정옥 남동생, 탈광대), 장도국(의사, 시위대, 시민군, 탈광대), 박강의(시위대, 시민군, 탈광대), 김종일, 유윤기(악사)

기획의도
5·18민주화운동 당시 '행방불명자'와 그 가족들의 이야기를 통해 아직 끝나지 않

은 항쟁의 아픔과 슬픔, 그에 대한 극복을 창작탈굿, 소리, 춤 등을 통해 예술적으로 형상화한 마당극입니다. 과거와 현재, 이승과 저승이 오가는 긴밀한 구성을 통해 극적 재미의 배가와 독립적인 듯 연결되어 있는 전통 탈춤과 굿의 연산구조를 적극 차용하여 마당극의 진수를 맛볼 수 있습니다.

연출노트

1
탈이
춤을 춘다.
80년 오월 서러운 사연 안고
어깨춤 들썩이며
춤을 춘다.
탈이 노래 한다.
80년 오월 가슴 벅찬 이야기
온 몸으로
노래 한다.

마당극 〈언젠가 봄날에〉 공연사진.
놀이패신명 제공

2
탈 속 광대들
신명을 낸다.
80년 오월 신바람 등에 업고
어깨춤 들썩이며
신명을 낸다.
탈 속 광대들
꿈을 꾼다.
80년 오월 공동체 너머
대동세상의
꿈을 꾼다.

줄거리 및 마당별구성

프롤로그

80년 5월의 사람들이 기억 너머 꿈결처럼 몰려온다. 그리고 펼쳐지는 아름다웠던 5월의 기억…

해방광주, 그때는 그랬다. 피와 눈물 끝에 얻어낸 참평화를 모두 함께 나누는 우리 모두의 해방이었다.

첫째마당

첫째거리 : 늙은 무당 박조금은 굿판을 끝내고 돌아오는 길에 늘상 하듯이 은행나무를 찾는다.

둘째거리 : 암매장 당한 채 30년 동안 저승을 못 가고 이승을 헤매는 시민군, 백구두, 여학생 등은 오늘도 저승사자의 눈

을 피해가며 무료한 일상을 보내고 있다.
셋째거리 : 병원에서 위암 진단을 받고 은행나무에게 온 박조금은 유골조차 찾지 못한 아들 생각에 마음이 무겁다.

둘째마당
첫째거리 : 시민군, 백구두, 여학생은 마침내 저승사자에게 들켜버리고 만다. 저승사자는 세상사람들이 5·18에 대한 기억을 지우기 시작했다며 저승길을 종용한다. 하지만 이 말을 믿지 못하는 세사람은 이를 확인하기 위해 저승사자와 함께 길을 나선다.
둘째거리 : 순천으로 굿하러 가는 길에 은행나무에게 들른 박조금은 살아온 내력과 아들 이야기를 하고는 쓸쓸이 길을 뜬다.

셋째마당
첫째거리 : 백구두의 잃어버린 신발 한 짝을 찾기 위해 들른 광주공원에서 저승사자 일행은 시위대를 만나게 된다.
둘째거리 : 30년 전 아들을 찾아 나선 박조금은 도청 은행나무 앞에서 아들을 만난다. 꼭 집으로 돌아오겠다는 아들의 약속을 받아낸 박조금은 담뱃대를 선물 받고 집으로 돌아선다.
셋째거리 : 30년 만에 집을 찾아온 여학생은 엄마와 남동생을 보며 감회에 젖는다. 자신에 대해서는 다 잊고 식구들끼리 잘 살고 있다는 저승사자의 말이 거짓이었음이 드러나고 여학생은 엄마에게 이별을 고한다.

마당극 〈언젠가 봄날에〉 공연사진.
놀이패신명 제공

극단 푸른연극마을

망월 (2011)

초연참여

제작 연출 : 오성완
출연 이당금

기획의도

씻김 형태의 모노드라마 공연으로, 지금까지 이어져온 그날의 찢기는 아픔을 담담한 어머니의 독백으로 풀어낸 작품이다. 초연은 2011년도 광주 평화 연극제였지만, 2019년도까지도 수없이 야외,

극장을 가리지 않고 올라갔고, 지금도 어디든 부르는 곳이 있다면 장소를 가리지 않고 올라오고 있다.

연극 〈망월〉 공연사진. ⓒ 최명진

극단 푸른연극마을

한 남자 (현 너에게로 간다) (2013)

초연참여

제작 푸른연극마을
작가 : 해강
출연 오성완, 정이형

기획의도

오월이 되면 이팝꽃 이파리가 하얗게 하얗게 떨어져 바람에 휘날린다.
망월묘역에서, 도청 앞 광장에서 그들의 푸르른 넋들과 한바탕 춤이라도 주지 않으면 몸살이 난 것처럼 진땀나게 아프다.
어찌 나만 그러하랴!
다양한 오월연극을 하면서 해원굿을 펼쳤다. 아, 꿈이 있다면 오월 그날만 되면 봄과 밤이 아린 동지들과 함께 오월연극만 하는 연극축제를 만들었으면 좋겠다!
광주시민이라면 모두의 오월로 어깨 감싸안으며 한바탕 진하게 풀 수 있도록 말이다.

줄거리

오월! 봄! 너무나 평범한 일상의 꿈을 꾸며 살아가는 한 남자가 있었다.
그해 봄. 그의 가족들은 김밥을 싸서 꽃구경을 가기로 하고 그날을 기다렸다. 그러나… 어느 날 새벽, 그가 살던 도시는 잔인한 피비린내로 물들고 그의 아내 또한 숨져갔다.
그해 봄날, 그 푸르른 봄날에 그의 꿈은 산산이 부서져버렸다. 그 남자는 지금, 그 도시의 거리에서 지나가는 사람들의 구두를 닦고 있다. 그리고, 오직 한 사람, 그의 딸을 위해 생명보험을 들어왔다.
어느 늦은 저녁, 그의 구둣방으로 생명보

연극 〈한 남자〉 공연사진. ⓒ 최명진

험회사 직원이 찾아온다. 보험회사 직원을 만난 남자는 갑자기 극심한 공포에 휩싸이기 시작하는데…
왜? 무엇 때문에…?

극단 토박이

오! 금남식당 (2017)

연극 〈오! 금남식당〉 포스터. 극단 토박이 제공

초연참여

제작 극작·연출 : 박정운
구성 : 토박이
녹음 : 박문옥
음악 : 이춘기
조명 : 류인해

출연 송은정(오금남), 박정운(석은장), 강중원(조미료), 임해정(심심해), 김수현(다너), 임성재(안무거)

기획의도

세상은 넓고 요리는 참 많습니다.
듣도 보도 못한 요리, 한번도 못 먹어본 요리, 내 입맛에 딱 맞는 요리,
자주 먹어 싫증난 요리 등등.
먹지 않으면 살아갈 수 없는 인간에게 먹는 일은 참으로 큰일 중 하나죠.

그럼, 요리하는 것 좋아하시나요?
다른 누군가에게 먹기 쉽게 힘을 들여 조리하는 일 말입니다.
아주 간단한 음식이라도 시간, 정성, 땀이 배이는 게 요리지요.
그래서, 세상 최고의 요리사는 어머니입니다.
한 끼 식사를 한다는 것!
요리하는 이의 마음을 먹는 일이고, 그의 마음을 나누는 일입니다.
마음을 나누고 함께 밥을 먹는 사이-식구(食口)라 하지요.

80년 오월, 광주사람들은 밥을 짓고,
김치를 담아 함께 먹고 나누고 보살폈습

니다.
오월을 주먹밥 정신, 공동체정신이라고 하는 덴 모두 한 식구가 되어 아픔과 상처를 토닥이고 나눴기 때문일 겁니다.

연극 '오! 금남식당'은 음식에 담겨진 맛의 의미!
연극 '오! 금남식당'은 밥상의 소중함!
연극 '오! 금남식당'은 밥 한 그릇이 주는 즐거움에 대해 이야기 하고자 합니다.

'맛은 혀가 아니라 마음으로 느끼는 것이다'-식객에서(허영만)

줄거리 및 장별 구성

연극 '오! 금남식당'은 금남관 주인인 '오금남'이 식당을 물려 줄, 새 주인을 뽑기 위한 요리경연 과정을 담은 작품이다.
금남관의 새 주인을 선정할, 첫 번째 미션에서 후계자 심심해와 조미료는 자신만의 방법으로 요리를 만든다.
두 번째 미션에선 젊은 셰프들이 새로운 요리를 선보인다. 그러나 마지막 세 번째 미션을 들은 제자들은 크게 당황 하는데…

제자들은 무사히 미션을 끝낼 수 있을까? 숨 막히는 대결!

연극 〈오! 금남식당〉 공연사진.
극단 토박이 제공

금남관의 새 주인은 누가 될 것 인가?
결정은 여러분 손에 달려 있습니다!

프롤로그

보조 셰프, 다너와 무거가 금남관의 새 주인을 뽑는 요리 대결을 알린다.
장의 달인 석은장의 사회로 심심해와 조미료가 요리 대결을 펼친다.

1장 / 첫 번째 미션

한국 밥상의 기본, '김치'의 맛 대결.
과연 승자는 누구?

2장 / 두 번째 미션

'김치 재료로 나만의 요리를 만들라'.
독창적인 맛을 내야만 한다!

3장 / 세 번째 미션

셰프들을 기절초풍하게 만든 마지막 미션이 주어지는데, 셰프들은 세 번째 요리를 만들어 낼 수 있을까?

4장 / 오! 금남식당

금남관 주인, 오금남의 한 맺힌 사연과 결코 잊을 수 없는 오월 광주사람들이 만들어낸 맛의 이야기가 펼쳐진다.

에필로그

오금남의 정신을 이어 받을 금남관의 새 주인이 뽑히며 요리대회가 마무리 된다.

극단 푸른연극마을

오월의 석류 (2017)

연극 〈오월의 석류〉 포스터.
극단 푸른연극마을 제공

초연참여

제작 푸른연극마을
작가 : 양수근

출연 이당금, 윤미란, 오성완, 이새로미, 양승주

기획의도

'언제나 꽃이었던 사람들 오월꽃, 오월사람꽃들에게 어디선가 날 부르는 목소리에 돌아보면 보이는 건 쓸쓸한 거리 불어오는 바람뿐인데 바람결에 휘날리는 머리카락 쓸어 올리면 가던 걸음 멈추어 서서 또 뒤를 돌아보네.
어두운 밤 함께하던 젊은 소리가 허공에 흩어져가고 아침이 올 때까지 노래하자던 내 친구 어디로 갔나. 머물다 간 순간들 남겨진 너의 그 목소리 오월의 햇살 가득 건너 우리 마음 따스하리!' - 오월의 햇살 (이선희 노래)

아마도 1989년 이었을 겁니다. 기억의 저편 강가에 살아있는 노래.
어느 길가 모퉁이에서 울려 퍼지던 노래.
한참을 먹먹한 가슴 쓸어내려며 멈춰 서서 오월의 하늘을, 시리도록 푸르른 오월하늘을 바라보았던 날의 기억!

왜 하필 그해 오월엔 석류가 열렸을까요?

그리고 37년이 지난 2017년 5월에 우린 왜 그 석류의 시고 달달한 맛의 기억 속으로 스며들어야 할까요?

'석류꽃 피기 시작하는 오월만 되면 광주사람들은 우울해져,
석류꽃, 아카시아, 이팝나무 피어나는 오월만 되면 광주사람들은 우울해져.
석류꽃, 아카시아, 이팝나무 피어나는 오월만 되면 그놈의 울렁증 때문에 견딜 수가 없다구!' (〈오월의 석류〉 대사 중)

그렇습니다. 천지에 가득 꽃잎 떨어지고 꽃향기가 휘날리는 오월만 되면 이유 없이 80년 오월을 건너온 사람, 도시, 시간, 그 어느 것이라도 그렇습니다.
차마, 어쩌지도 못하는 것을 차마 어찌하겠습니까?
한해를 거듭할수록 통증의 강도는 깊어가지만 기억은 치매환자처럼 점점 사라져갑니다.
다행이도 올해부터는 〈임을 위한 행진곡〉을 가슴 터지도록, 눈물이 솟구치도록 부를 수 있어 정말 행복합니다. 언제나 꽃이었던 사람들, 오월꽃, 오월사람꽃에 대한 우리의 기억을 다시 살려낼 수 있어 행복합니다.
고맙습니다. 고맙습니다. 정말 고맙습니다. - 씨어터연바람 극장장 오성완

연극 〈오월의 석류〉 공연사진. ⓒ 강철

줄거리

석류가 빨갛게 익어가는 늦가을.
순심과 순영은 어머니의 제사상을 보기 위해 분주하다.
80년 오월 당시 고3이었던 순철이 오월 트라우마를 견디다 못해 호주로 이민가고 엄마의 장례식 이후 십 년 만에 집으로 들어선다.

깊은 밤,
엄마의 제상 앞에 앉은 삼남매, 뉴스에서는 전두환의 은닉재산 소리가 흐른다. 순심의 환영으로 나타나는 엄마, 엄마는 그해 석류는 5월에 열었다 떨어졌다며 모든 것을 잊고 서로 용서하며 살기를 바라는 모습을 보인다.

극단 푸른연극마을

그들의 새벽 (2018)

연극 〈그들의 새벽〉 포스터.
극단 푸른연극마을 제공

초연참여

제작 원작 : 문순태
연출 : 오성완
각색 및 재구성 : 오성완

출연 최창우, 오성완, 이당금, 조승희, 서혜주, 송한울, 한송이, 김안순, 최우영, 김민철

기획의도

가야만 하는 길이었고 가지 않으면 아니되는 길이었다.
누군가가 등 떠밀지 않았지만, 변명처럼 결국은 그 길의 여정에 몸을 실었다.
어쩌면 되돌아올 수 없는 길일 것이다.
그리고 그 길의 끝이 어디인지도 모른다.
꿈을 생각했다. 꿈을 꿀 수 있다는 것만큼 행복한 삶이 있을까?
그런데 그 꿈을 누가, 무엇이 망가뜨려 버렸는가?

5·18이라는 소재를 대할 때마다 그렇다.
망월 묘역으로 못다한 소풍을 가듯 해원굿으로 매년 5월 봄소풍을 갔다.
가해자, 피해자라는 이름보다 그저 한 인간으로서, 광주시민으로서 80년 5월 광주에서 살았던 사람들의 이야기를 하고자 했다. 80년 5월이 그들의 삶에 어떻게 스며들었는지를 이야기하고 싶었다.
5·18연극을 만들어 올릴 때마다 좀 더 승화시켜야 한다고. 좀 더 세계적으로 만들어야 한다고 넘치는 조언을 받는다.

과연 우리 스스로는 5·18을 승화시키고 있는지? 이런 고민으로 시작했다.
연극 〈그들의 새벽〉은.
아주 죄송스럽게도, 아무것도 없는 사람들, 아무것도 아닌 사람들, 아무것조차 아닌 것도 모르는 사람들, 자기 삶에 최선을 다하는 사람들, 소박한 꿈을 꾸었던 정말 이름 없는 사람들을 이야기 하고자 했다.

연극 〈그들의 새벽〉 공연사진. ⓒ 강선철

줄거리

작가 이정하는 1980년 오월 당시, 소시민으로 살았던 사람들이 이름도 없이 사라지거나 죽은 이야기를 연극으로 만들고 싶어한다.

그의 시나리오에는 상처를 안고 혼자 사는 중국집 사장 만호와 철가방 영구, 구두닦이 기동이와 고아이지만 천진난만 월순이, 그리고 불우한 가정에서 태어나 이집저집을 전전해야만 했던 다방아가씨 미스진을 주인공으로 내세운다.

어느 것 하나 내세울 것 없고 하나같이 혼자이고, 외롭고, 의지할 데 없는 사람들이다.

그래서 이정하는 서로에게 의지가 되고, 서로를 의지하고, 함께 꿈을 꾸는 가족이 되기를 바랬다.

마치 자신의 가족인것처럼.

영구는 철부지 동생, 그리고 모두의 사랑을 받는 천진난만한 월순이는 행복을 꿈꾸며, 하루하루 최선을 다해 살아간다.

그저 소소한 꿈을 꾸는 소시민을 내세우며 일상의 행복을 꿈꾸던 이들이
5·18이라는 역사적 현장에서 안타까운 죽음을 맞이하는 이야기를 만들어가지만, 정작 이정하는 자신의 트라우마에 빠져 헤어나지 못한다.

극단 크리에이티브드라마

고백: 얼굴 뒤의 얼굴 (2019)

연극 〈고백: 얼굴 뒤의 얼굴〉 포스터.
극단 푸른연극마을 제공

초연참여

제작 크리에이티브드라마 작
푸른연극마을 협력
작가 : 오성완

출연 최창우, 오성완, 엄성현, 윤자애,
오새희, 김현우, 김안순

기획의도

작품 〈고백-얼굴 뒤의 얼굴〉은 80년 광주의 5월을 단순히 '가해자와 피해자', '진압군과 시민군'이라는 이분법적 구분논리에서 벗어나 그 시대를 살았던 모두가 피해자일 수밖에 없으며 39년의 시간이 흐른 지금, 가장 중요한 진실은 무엇이며 80년 광주의 오월은 과거완료형이 아닌 현재진행형이며 미래 지향형의 가치와 의미를 지닌 우리 모두의 역사임을 공유코자 한다.

줄거리

이정하라는 남자, 그는 성실한 중소기업 사장으로 유복한 가정을 꾸리고 참 잘 살고 있다.
강만호라는 남자, 성식이라는 남자와 회진댁이라는 여자와 함께 광주에서 중국집을 운영하고 있다.
누군가는 잊기 위해서, 누군가는 그 시절 사라졌던 사람들을 기다리며 다시 찾기 위해 노력했던 39년의 세월들… 한 남자는 자신이 가해자임을 평생을 부정하며

연극 〈고백: 얼굴 뒤의 얼굴〉 공연사진.
극단 푸른연극마을 제공

살아왔고, 한 남자는 이유도 모른채 모든 꿈들을 빼앗긴 세월 속에서 고통받으며 살아왔다.
39년… 그날의 광주 이후 각기 다른 고통 속에서 살아온 두 사람, 어쩌면 영원히 만날 수 없었던 두 사람은 각기 다른 공간 속에서 5월 그날의 광주에 있었던 일들을 회상하고 고백한다.

창작그룹 MOIZ

이머씨브 씨어터

<ALICE IN HERE: Gwangju> (2019)

이머씨브 씨어터 〈ALICE IN HERE: Gwangju〉 포스터. 창작그룹 MOIZ 제공

초연참여

제작 기획·제작 : 창작그룹 MOIZ (고나리, 도민주, 양채은, 전하선)
시노그라피 : 도민주, 양채은
내러티브 : 도민주
음악 : 한지성
포스터 디자인 : 문다은
스태프 : 문병현, 신지원, 안유진, 이다솜, 이은성, 임수민, 장윤원, 최현진
촬영 : 고나리, 이준호, 강주찬
협업 아티스트 : 신아영, 문다은, Lay And Burn Studio DNA Design Studio
자문 : 김형주(전남대 5·18연구소), 백현미(전남대학교 국어국문학과), 임인자(소년의 서), 전남대 5·18연구소

출연 김수빈, 김예성, 도민주, 배시현, 이지현, 최현진

기획의도

폭력의 메커니즘 낯설게 보기

이름 붙이기, 편견 만들기, 이상적인 인물상 제시하기, 그에 반하는 인물은 차별당해도 되는 대상으로 만들기
"여기서, 왜 이런 이상한 일이 일어났을까?" 우리는 1980년대 한국에서 행해졌던 국가 폭력의 원리에 대해 공부하고 토론했습니다. 그 결과 이러한 폭력의 메커니즘은 현대에도 일어나고 있으며, 비단 국가뿐만 아니라 어떠한 집단에서도 일

이머씨브 씨어터 〈ALICE IN HERE: Gwangju〉 사진. ⓒ 이준호

어날 수 있다는 것을 알게 되었습니다. 물리적 폭력이 사라졌을 뿐, '맞을만한 사람'을 만드는 방법은 끊임없이 반복되고 있었습니다.

창작그룹 MOIZ는 다수의 소수집단을 향한 차별, 혐오의 원리를 탐구하고, 이를 "원더랜드"라는 공간으로 재구성했습니다. 나아가 5·18광주민주화운동에서 추출한 "연대"라는 개념을 수행하도록 관객 인터랙션으로 디자인했습니다. 관객이 폭력을 목격하는 것에 그치지 않고, 공간을 통한 사적인 경험을 만들어 나갔으면 합니다.

시놉시스

붉은 여왕은 "Happy Never Ending"이라는 국가적 이상을 위해 원더랜드를 개혁한다. 그에 따라 "이상적 동물"이라는 표준적인 동물상을 제시하고, 이에 부합하지 않는 동물들은 "나쁜동물"이라 부르며 차별하기 시작한다. 동시에 동물들의 시선을 돌릴 수 있는 달콤한 것들을 보급하고, 티파티에서 자유롭게 먹을 수 있었던 타르트를 배급제를 통해 통제하기 시작한다.

"타르트 배급제"는 "착한 일"을 하고 타르트 뱃지를 받으면, 자신이 가진 뱃지 수만큼 타르트를 먹을 수 있는 제도이다. 이는 점차 나쁜 동물을 판별하고 계급을 나누는 수단으로 변질되어간다. 붉은 여왕의 폭력을 인지한 몇몇 동물들은 이에 맞서 "매드 티파티"라는 저항시위를 했지만, 실패로 끝난다. 이후 "매드 티파티"에 대한 언급은 동물들 사이에서 금기가 되었다. 동물들이 침묵하기 시작하자, 원더랜드의 숲에 마법의 힘이 생겨나 "매드 티파티"에 대한 말을 한 동물들은 침묵의 버블에 갇히기 시작했다.

하지만 여기, "매드 티파티"에 대한 발언을 하고 버블에 갇혀버린 4마리의 동물들이 나타났다. 원더랜드와 현실세계를 자유롭게 드나들 수 있는 '체셔캣'은 누군가 이들의 이름을 기억해 주고 불러준다면, 저주가 풀린다는 것을 알고 있다. 이에 '체셔캣'은 버블에 갇힌 동물을 되살리고 침묵만이 가득한 원더랜드를 구하기 위해 현실세계에 있는 앨리스를 찾아나선다.

이머씨브 씨어터 〈ALICE IN HERE: Gwangju〉 공연사진. ⓒ 이준호

관객체험

공연의 관객인 앨리스에게는 미션이 주어진다. 침묵의 '버블' 속에 갇힌 동물의 이름을 찾아 불러주어야 한다. 관객은 이름을 찾는 과정에서, 동물들의 신상정보가 담긴 오브제(eg. 카드병정 신분증, 일기장, 입사지원서, 업무일지, 작곡노트 등)을 만난다. 이를 통해, 동물들의 이야기를 선택적으로 조합하게 된다. 네 마리의 동물은 원더랜드에서 '이상한 동물' 혹은 '나쁜 동물' 취급을 받는 동물이다. 갇혔던 목소리를 매드 티파티 잔에 붓는다. 동물들은 버블에서 깨어나 관객과 실제로 만나게 된다.

극단 토박이

나와라 오바! (2020)

연극 〈나와라 오바!〉 포스터. 극단 토박이 제공

초연참여

제작 극작, 연출 : 박정운
구성 : 극단 토박이
음악연출 : 기춘희
춤연출 : 춤추는 나무
(강혜림, 김정훈)
영상제작 및 촬영, 편집 : 백종록
무대세트제작 : 류상근
조명 : 문현철
음향 : 유인해
진행 : 나창진

출연 박정운(공수남), 송은정(공수인),
이종경(강태풍), 강중원(정보살),
임해정(양봉필), 고영욱(맹영철),
윤재원(김필두)

연극 〈나와라 오바!〉 공연사진.
극단 토박이 제공

기획의도

"나와라 오바!"는 광주민중항쟁을 주제로 만들어진 민중가요들을 통해, 노래의 의미를 재해석하고 노래가 주는 소통과 화합, 그리고 5·18 당시 광주시민들이 지키고자 했던 참된 뜻을 후세대들에게 계승, 발전시키고자 하는 마음으로 준비했습니다.

연출의 글

기억의 투쟁 -박정운

"살다 보면 잊고 싶어도 잊지 못하는 일들이 있지요. 그게 사랑하는 사람이라면 더욱더 그러겠지요." 나와라 오바에 나오는 대사다.

사랑.

자기애. 연인의 사랑. 부모 · 자식 · 형제의 사랑. 나라 사랑. 인류애 등등.

크고 작고, 깊고 엷고, 아프고 행복하고, 슬프고 즐거운 사랑.

나, 역시 사랑이라는 틀에서 벗어날 수 없다.

인간에겐 각각 개인의 역사가 있다. 요샌 "라떼는 마리야~"라는 말로 대신하지만…….

"라떼~"로 시작하면 어쩐지 잔소리 같고, 고리타분하고, 꼰대같은 생각이 든다.

하지만 시간은 오늘도 내일도 흐르고 "라떼~"를 거북하게 느꼈던 이들도 언젠간 "라떼는 말이야~"하게 될 테고 지난 시간들을 이야기 할 것이다.

산다는 게 그런 것이므로.

80년 오월, 무심히 흐른 40년. 지난 이야기. 그래, 어떤 이들은 재미없다 하고 또 어떤 이들은 고리타분하다 한다. 그러나 어떤 이들에겐 "그해 오월 라떼는 말이야~"로 입을 뗄 수 없을 만큼 아프고, 눈을 감는 순간까지 잊을 수 없는, 누군가를 품고 살아가는 사람도 있다.

아무리 시간이 흐르고 흐른다 해도 말이다.

오월을 왜곡하고 폄훼하는 인간들이 기를 쓰고 지난 시간을 지우려 할수록 기억은 투쟁한다. 그날의 적은 더 선명해지고 적을 향해 함께 싸웠던 이들은 더없이 아름답고 그립다.

그립고 그리워 뼛속에 맺힌 그것. 가로막을수록 더 간절해지는 그것. 사랑.

지금, 우리에게 오월은 사랑이 되었다.
나와라 오바!는 아름답고 고귀한 이야기로 풀어내고 싶었다.
10일간 광주시민의 함성!
10일간 광주시민의 노래!
그 후 오랫동안 흘렸던 눈물!
나와라 오바!

줄거리

개나리 시장 사람들(정보살, 양봉필, 맹영철, 김필두, 공수남)은 손님도 없고 장사도 안되는 재래시장의 상인들이다. 장사가 안돼, 위기에 처한 개나리 시장 상인들은 낡고 오래 된 시장을 철거하고 개발이라도 해보려 하지만 '둘반 음악실' 사장, 공수남의 반대로 아무것도 못하고 있는 상황이다. 공수남은 80년 오월 당시, 공장에 다니던 여동생 공수인이 행방불명되면서 죄책감과 고통으로 정신병원을 전전하며 살고 있다. 공수남은 때때로 환영처럼 '둘반 음악실'을 찾아오는 여동생 공수인 때문에 '둘반 음악실'을 떠날 수 없다. 하지만 시장 사람들은 공수남의 마음을 헤아려 주지 않는다.
그러던 차, 재래시장 살리기 '시장합창대회'에서 1등을 하면, 현대화시장으로 바꿔 준다는 빅뉴스를 듣게 된 개나리 시장 사람들! 때마침 싱어송라이터인 강태풍이가 둘반 음악실을 세 얻어 오게 된다.
공수남의 아내가 둘반 음악실을 세놓은 줄 모르는 공수남은 강태풍과 실랑이를 벌인다. 개나리 시장 상인들은 강태풍에게 대회 나갈 노래를 부탁하고, 의욕에 찬 강태풍은 시장 사람들과 함께 합창대회를 준비한다.
하지만 시장 사람들은 툭하면 싸우고, 갈등하다 합창단이 해체될 상황에 처하게 되는데…

연극 〈나와라 오바!〉 공연사진.
극단 토박이 제공

주제곡

힘을 주소서

1.
사랑하는 이들에게로 갈 수 있는
갈 수만 있다면
사랑하는 그들에게로 갈 수 있는
갈 수만 있다면
순수한 이들이 쓰러지지 않기를

원하는 것처럼
고귀한 이들이 죽음을 벗어나길
원하는 것처럼

죽음을 피할 힘을 주소서
죽지 않을 힘을 주소서
살아서 싸울 힘을 주소서
살아 남을 힘을 주소서

2.
두려움에 떨려오는 몸
지쳐서 흔들리는 마음
다시 설 수 있다면
이 바람과 이 도시 향기를
가슴에 담고 싸울 힘을 주소서
내일의 새벽은
우리 모두를 보살펴 줄지어다
내일의 새벽은
우리 모두를 승리자로 만들지어다

죽음을 피할 힘을 주소서
죽지 않을 힘을 주소서
살아서 싸울 힘을 주소서
살아 남을 힘을 주소서

이 바람과 이 도시 향기를
가슴에 담고 싸울 힘을 주소서
우리에게 앞서간 영령들이여
먼저 떠난 영령들이여
나와 우리 모두에게
끝까지 힘을 주소서 힘을 주소서

연극 〈나와라 오바!〉 공연사진.
극단 토박이 제공

봄 하늘 노을 빛

봄 햇살 햇살 얼굴에 담고
길 위에 닿는 햇살 따스히
봄 하늘 빛줄기 줄기 마다
떠나간 그 길 위에 내려

거리에 거리에 불려진 노래
누굴 위해 부른 노랠까
심장에 심장에 멍들었네
지금 이 순간 이 거리에
햇살에 담고 서 있네

봄 노을 노을 가슴에 담고
들 위에 내린 노을 물들 듯
봄비 빛줄기 줄기마다
봄하늘 노을로 사라졌네

거리에 거리에 피어난 꽃들
누굴 위해 피는 꽃일까
가슴에 가슴에 새겨졌네
지금 이 순간 이 거리에
햇살에 담고 서 있네

빛줄기는 운명처럼 이 거리에 나리네
빗줄기는 운명처럼 이 거리에 내리네
봄하늘 봄햇살 따스하게 담으리
봄하늘 봄노을 붉게 붉게 담으리

창작그룹 MOIZ

다큐멘터리연극

<미래 기념비 탐사대> (2020)

초연 참여

제작 공동창작 : 도민주, 문다은, 양채은, 전하선
공동연출 : 도민주, 문다은, 양채은, 전하선
드라마터그 : 임인자
기획 : 양채은
대본구성 : 도민주
화면구성 : 문다은
조명디자인 : 강혜정
촬영 : 고나리
조명 오퍼레이터 : 고은

출연 도민주, 문다은, 양채은, 전하선

기획의도

창작그룹 MOIZ는 5·18사적지 11호인 옛 광주적십자병원을 둘러싼 사적지 활용 문제를 다루고자 〈나가 어찌케 살면 좋겠어요?〉라는 전시를 진행한 바 있다. 프로젝트 수행과정에서 수집한 답변 속에서 기억의 층위를 발견하고, '이제 우리는 어떻게 기억해야 하는가'에 대해 질문할 필요성을 느꼈다.
1980년이 아닌, 1993년부터 2020년까지 광주에 사는 청년들인 창작그룹 MOIZ가 만난 5·18에 대해 이야기 한다.

다큐멘터리연극 〈미래기념비탐사대〉 공연사진. ⓒ 이강물

시간이 흘러, 기억은 기록되고, 기록은 기념된다. 지금 광장엔 기념사업들이 쏟아져 나오고 있다. 수많은 기념 사이에서 우리는 무엇을 기억하고 있을까?

시놉시스

이곳은 선택되지 못한 기억에 대한 아무 기록도 남아있지 않은 2020년. 미래 기념비 탐사대는 "기억 화석"을 발굴하여 사라진 기억을 추적한다. 광주광역시 곳곳에서 발견되는 동전, 불꽃 모양의 돌덩이들을 발견하게 된 탐사대. 이 화석에 담긴 기억을 알아내기 위해 화석에 얽힌 기억과 기념이 존재하는 평행세계를 찾아가 탐사한다.

과연 탐사대는 화석에 담긴 기억을 알아내고 무사히 탐사를 마칠 수 있을까?

놀이패 신명

식사하세요! (2021)

마당극 〈식사하세요!〉 포스터. 놀이패신명 제공

초연참여

제작 작·연출 : 나창진
기획·제작 : 놀이패 신명
실연 : 타악(김종일), 건반(박소영), 기타(육장근)
음악 : 박소영
안무 : 백민
의상 : 포이에마, 강근희
소품 : 정진주
무대미술 : 신양호
홍보디자인 : 플로르디자인컴퍼니

프로필촬영 : 이선우

무대 : 송아트, 상나비

음향 : ㈜열린기획(양성모, 이공명)

영상 : ㈜잇다(이정훈, 정나라, 김갑산, 김현우)

출연 강근희(정심), 정진주(영주), 정찬일(달수, 시장상인, 기억코러스), 홍지현(홍자, 시장손님, 기억코러스), 김혜선(식당손님, 정심분신, 시장상인, 안심해, 주민센터 직원, 기억코러스), 백민(식당손님, 정심분신, 시장상인, 정심엄마, 육봉숙, 기억코러스), 이채은(식당손님, 학생, 정심분신, 시장상인, 기억코러스)

연출의 글

어느 날, 할머니가 나를 보며 물었다. "… 누구 … 요 … ?"

할머니는 꽤 오랫동안 치매를 앓으셨는데 했던 말을 또 하고 질문을 반복하는 것 말고는 전과 다를 바 없어서 치매를 거의 의식하지 못했다. 그러나 내가 누구인지 설명해야 하는 순간이 되자 비로소 할머니의 치매를 실감했다. 기억이 사라지면 관계도 끊어지는구나….

치매에 걸리면 현재와 가까운 기억부터 사라진다고 한다. 머릿속의 지우개는 그렇게 기억을 지워나가다 결국에는 인생에서 가장 행복했거나 한으로 남은 어떤 순간을 마지막으로 지운다. 그렇다면 나에게 마지막으로 지워질 기억은 어떤 것일까?

마당극 〈식사하세요!〉 공연사진. 놀이패신명 제공

그 마지막 기억이 80년 5·27일 도청의 밤인 한 여인의 이야기다.

5·18 당시 시민군으로 참여해 총을 들었거나 도청에서 취사 및 시체수습 일을 하신 분들 중에는 최근에야 활동 사실을 증언하신 분들이 있다. 살아남은 자의 죄책감 혹은 풍비박산 난 가정사, 계엄군에게 당한 성폭력 등 이유는 달랐지만, 그분들은 아주 오랜 세월 동안 그 기억을 '봉인'한 채 살아왔다.

치매에 걸려서야 비로소 그 기억의 봉인이 풀리는 한 여인의 이야기다.

5·18은 어떤 이들에게는 비로소 인간이 되는 시간이었다. 누구는 그때 가장 인간답게 살았다고 증언하고 또 누구는 별 볼 일 없는 인생에서 그때가 가장 보람 있는 일을 했다고, 그때가 사는 것 같이 살았

던 순간이라고 말한다. 그 말을 하는 이들의 얼굴은 묘한 생기가 돌고 벅찬 표정이었다. 마늘과 쑥을 먹지 않고도 그들은 어떻게 인간이 되었던 것일까?

5·18은 우리에게 끊임없이 질문한다. 인간이 된다는 것은 무엇인가? 사실, 인생은 매 순간 묻는다. 너는 인간이냐고. 지옥 같은 시간 속에서 찰나와 같은 천국을 구현했던 이들, 짐승이 되기를 강요하는 시간 속에서 인간으로 살고자 분투했던 이들을 기억한다. 그리고 5월 27일 새벽, 영원히 오지 않을 것만 같았던 아침을 기다리던, 그 길고 긴 밤을 견뎌낸 이들의 시간을 기억한다.
내 마지막 기억이 인간으로 살기 위해 분투했던 어떤 순간이기를….

줄거리

대인시장 '영주네집'은 광주에서 유명한 백반집이다. 주인인 정심은 음식솜씨 좋은 대장금으로 주변에 소문이 자자하지만, 갈수록 음식 맛이 변해가고 결국, 손님들의 발길이 끊어진다. 영주네 사람들은 새로운 주방장을 뽑을 콘테스트를 펼치기로 한다.

마당극 〈식사하세요!〉 공연사진.
놀이패신명 제공

정심의 치매 증세는 갈수록 심해진다. 자꾸만 헛것이 보이고 망령들이 자신을 옥죈다. 정심은 항변하지만 망령들은 정심을 비난한다. 정심은 망령들을 피해 장롱에 숨는다.
제사물품을 사러 시장에 온 정심과 영주를 상인들이 반갑게 맞이한다. 물건을 사는 도중 정심은 갑자기 80년 당시의 상황에 빠지게 되고 시장상인들과 함께 시민군들의 먹을 것을 준비하는 활동을 펼친다. 상인들은 정심의 상태를 안타깝게 바라본다.
제삿날, 정심은 부모님과 오빠가 좋아했던 카스테라빵, 호박떡, 사이다를 준비한다. 영주, 달수, 홍자는 기껏 준비한 제사상이 이것뿐이냐며 타박하지만 정심은 아랑곳 하지 않는다. 향을 피우고 제사를 지내는 도중 향냄새를 맡은 정심은 과거 상무관 상황을 떠올리며 실신한다. 정심의 상태가 심각해지고 있다는 것을 안 달수와 홍자는 요양병원 입원문제로 다투게 되고 영주는 현재의 상황에 울음을 터뜨린다.

영주네집 주방장 뽑는 콘테스트 도중 도청 주변을 헤매고 있다는 전화를 받은 영주는 급히 나간다. 생일날, 정심은 사람들을 알아보지 못하는 지경에 이른다. 멀리서 사이렌 소리가 들려오고 정심은 80년 5월27일 새벽으로 들어간다.
마침내, 다음 날 차려주기로 약속한 아침밥상을 40년 만에 차려낸 정심은 도청을 향해 식사하세요라고 외친다.

마당극 〈식사하세요!〉 공연사진.
놀이패신명 제공

닫는글

닫는글

2019년.
광주에서 태어나 자란 두 청년이 만났습니다. 두 청년의 공통점은 공연을 좋아한다는 것. 함께 무엇을 할 수 있을지 많은 이야기를 나누었습니다.
'공연을 좋아하고 광주에서 자라왔으니 그럼 광주의 극작품을 아카이브 해볼까?'가 첫 시작이었습니다, 광주의 극단들과 극작품을 조사 하고 이야기를 나누다보니 한 가지 공통점을 찾을 수 있었습니다.

'5·18민주화운동'

광주에서는 5·18민주화운동에 대해서 많은 것을 교육받습니다.
5월이 되면 영상을 통해 당시의 참상을 되짚어 보고 희생당하신 분들을 기리는 묵념을 합니다. 광주에서는 이러한 교육이 의무적으로 실시되고 있습니다. 학교 밖에서도 마찬가지입니다. 매일 5시 18분이 되면 5·18민주광장 시계탑에서는 '님을 위한 행진곡'이 울려퍼지고 5월이 되면 곳곳에서 5·18민주화운동과 관련된 행사들이 열립니다. 이처럼 5·18민주화운동은 광주 시민의 삶 속 깊숙이 자리 잡혀있습니다.

하지만, 그런 의문을 가지고 있었습니다. 왜 광주는 5월이 되면

도청으로 모여드는 것인지. 왜 광주는 5·18민주화운동을 놓지 못하고
계속해서 이야기하는 것인지. 왜라는 질문만 가득한 채 우리는 매
순간 오월을 지내고 있었습니다.
그 당시 저희는 태어나지 않았습니다. 교육받아온 세대로서 그때를
이해하기에 또 다가가기에 어려움이 많습니다.
자칫 쉽게 이야기하는 것처럼 보일까봐, 잘못된 정보를 전달할까봐.
그래서 저희에게 5·18민주화운동은 당연하면서도 어려운
주제였습니다.

광주가 5·18민주화운동을 계속해서 이야기하며 기억하는
것처럼 다음세대 그리고 그 다음세대까지도 이어나가야 한다고
생각하지만 그 의문을 계속 품은 채 이야기하는 것은 의미가 없다고
생각했습니다.
그렇게 그 시대를 살지 않았던 우리가 그 시대에 다가가기 위해
광주에서 80년 5월을 이야기하는 극단을 찾아가 만나고, 이야기를
듣고 자료를 수집하며 80년 5월을 기억하고 기록하였습니다.

1년간 작업을 하며 사실 해답을 찾지는 못했습니다.
그저 아카이브를 하는데에 집중했으니까요.

2020년.
프로젝트 면밀로 시작했던 저희는 청년문화기획단체 면밀이
되었습니다. 끝냈다는 뿌듯함은 있었지만 아카이브 작업이 처음인
만큼 저희의 미숙함에 아쉬운 마음이 들었습니다.

2019년, 아카이브를 진행하며 자료의 부족함을 채우기 위해 실연자분들을 만나 이야기를 들었습니다. 이야기를 정리하며 계속해서 들었던 생각은 '이 이야기를 많은 사람들이 알았으면 좋겠다.' 그러던 중 저희가 만났던 실연자분의 이야기가 머리에 맴돌았습니다.

'작품이나 공연에 관련된 자료들은 많이 있어요. 근데 실질적으로 이 공연을 했던 사람들에 대한 기록들, 행위자들에 대한 부분도 기록이 필요하거든요' (실연자 정찬일)

사람의 기억을 모아내는 작업. 이 역시도 중요하다고 생각을 했고, 오월극을 하는 실연자들은 어떤 마음으로 오월극을 만들어왔는지 궁금해졌습니다. 그들이 알리고자 하는 5·18민주화운동은 무엇인지, 어떤 방식을 통해 이야기하고 있는지 실연자분들의 이야기를 듣고 기록하고 기억하고자 했습니다.

단순히 배우에 그치지 않고 연출, 기획, 작가, 악사까지 다양한 분들을 만나 뵙고 이야기를 나누었습니다. 그렇게 2020년 '오월을 극으로 이야기하는 사람들 〈오월극 기록기〉'를 준비하고 발간했습니다.

다양한 실연자분들을 만나서 이야기 하며 '왜?'라는 질문의 해답을 조금은 찾은 느낌이었습니다. 그리고 무의식중에 편견을 가지고 있었다는것도 깨달았습니다.

'오월극이 무섭거나 과격한게 아니라 따뜻했다. 우리 시대의 이야기고 따뜻한 이야기였다. 오월극은 재밌으면서 따뜻한 극들이었구나. 그런 따뜻함이 나오면 좋을 것 같아요.' (실연자 임해정)

우리는 80년 5월을 그저 무서운 일, 역사속의 일, 슬픈 사건으로만 기억하고 있었습니다. 하지만, 당시 사람들은 따뜻했고 서로를 위했던 날들이었습니다.

2022년.
아카이브 작업을 한지도 벌써 3년. 역시나 아쉬움은 남았습니다. 하지만 확실한건 한가지. 실연자분들이 하신 이야기를 많은 사람이 재밌게 보았으면 합니다. 실연자분들의 공연사진도 넣고 새롭게 공연된 작품도 추가했습니다. 전국에 배포함으로써 사는곳과 나이 성별은 다르지만 〈오월극 기록기〉가 많은 사람들에게 닿고 오월을 한번 더 생각 해 보았으면 하는 마음으로 열심히 준비했습니다.

많은 어려움이 있었고 시행착오를 겪으며 면밀의 오월은 계속해서 이어지고 있습니다. 이후에 어떤 방식으로 오월을 이야기 할지는 사실 잘 모르겠습니다. 하지만, 어떤 방식으로든 오월을 이야기 하겠습니다.

면밀의 단비, 수현이

오월을 극으로 이야기하는 사람들

오월극 기록기

초판 1쇄 2022년 5월 27일

기획 이단비, 조수현
편찬 이단비, 조수현
디자인 이단비, 조수현

펴낸곳 청년문화기획단체 면밀
출판등록 2021년 12월 01일
주소 광주광역시 남구 구성로20번길 5
이메일 myeonmil@naver.com
인쇄 종로인쇄

ISBN 979-11-976916-0-7